AF554891

Juego de E$pía$:
La tentación del e$pionaje indu$trial

Escrito por
Jorge Antonio Polo

Juego de E$pía$: La tentación del e$pionaje indu$trial

ISBN papel: 9798851288807

Impreso en Colombia
Editado por Secreto y Espionaje AGIS
Escrito por Jorge Polo

Juego de E$pía$:
La tentación del e$pionaje indu$trial

Escrito por

Jorge Antonio Polo

Prólogo

La competencia en el mercado empresarial es cada vez más intensa y en ocasiones, algunos competidores recurren a prácticas ilegales como el espionaje industrial para obtener información valiosa y confidencial sobre sus rivales. En este contexto, se vuelve esencial para las empresas estar preparadas y proteger sus activos críticos.

Este libro " Juego de E$pía$: La tentación del e$pionaje indu$trial" es una guía práctica y completa para cualquier persona interesada en conocer los entresijos del espionaje industrial y cómo protegerse de él. En sus páginas, el lector encontrará técnicas efectivas para identificar y prevenir posibles ataques de espionaje, así como estrategias y herramientas para recopilar y analizar información de manera segura.

El autor, experto en seguridad empresarial, ofrece una perspectiva única y detallada sobre el tema, respaldada por años de experiencia en el campo. Además, se incluyen casos reales de empresas que han sido víctimas de espionaje y cómo enfrentaron y superaron estas situaciones.

En definitiva, "El arte del espionaje industrial técnicas y contramedidas de espionaje no gubernamental" es una obra imprescindible para cualquier empresa que desee proteger sus activos y mantenerse un paso adelante de sus competidores.

Índice

A

Acceso no autorizado, 64
Acción, 47
Acción legal y consecuencias:, 231
Adquisición hostil, 76
Análisis de basura electrónica, 68
Análisis de información, 29
Análisis de la colaboración entre empresas y agencias gubernamentales en la lucha contra el espionaje industrial, 125
Antecedentes históricos, 117
Apple, 84
Apple 2, 85
Aprovechar debilidades en la seguridad, 77

B

Boeing, 87, 88
Búsqueda de basura, 66

C

Características de los espías industriales, 91
Caso Huawei, 120
Caso Kaspersky Lab, 123
Caso Mitsubishi, 121
Caso Volkswagen, 122
Casos de estudio, 83
Coca-Cola, 86
Colaboración con las fuerzas del orden, 191
Colaboración entre empresas y agencias gubernamentales, 124
Cómo colaborar con las fuerzas del orden, 192
Cómo garantizar la seguridad física y digital de la información confidencial, 170
Cómo implementar un programa de entrenamiento en prevención del espionaje industrial, 151
Cómo investigar y documentar un incidente de espionaje industrial, 202
Cómo realizar una evaluación de riesgos y amenazas efectiva, 172
Comunicar claramente los objetivos y la importancia del programa de entrenamiento a todo el personal de la empresa., 155
Concientización y entrenamiento del personal, 134
Conferencias, 110
Conocer información de investigación y desarrollo, 55
Conocer planes de negocios, 54
Conocer planes de producción, 55
Contacto directo, 107
Control de acceso y autorización, 158
Coqueteo, 104
Crear alianzas comerciales, 75
Crear empresas falsas, 75

D

Designar a un equipo de entrenamiento responsable de

la implementación y la supervisión del programa., 156
Diferencia entre espía industrial y espía corporativo, 111
Documentación, 228
DuPont, 90

E

Ejecución de la técnica de recolección de información:, 24
Ejemplos de colaboración exitosa, 198
Engaño, 82, 105
Espía corporativo, 113
Espía industrial, 113
Espionaje en línea, 65
Establecer un calendario y una agenda de capacitación, considerando la disponibilidad de los empleados y la duración del programa., 155
Establecimiento de un equipo de respuesta a incidentes, 216
Estrategias de espionaje industrial, 71
Evaluación de riesgos, 74
Evaluación de riesgos y amenazas, 171
Extorsión:, 104

F

Falsas oportunidades de negocio, 109
Fases del espionaje industrial, 17
Ferias y eventos de la industria, 106
financieras y de reputación para la empresa que las lleva a cabo.(), 76
Fraude de identidad, 70

G

Google, 90

H

Hackeo de contraseñas, 68
Hackeo de sistemas:, 80
Hacking, 62
Headhunting, 108
Herramientas y técnicas utilizadas por agencias gubernamentales, 128

I

Identificación de objetivos, 73
Identificación del autor del incidente, 226
Identificación del incidente de espionaje industrial, 223
Implementación del programa de entrenamiento, 154
Implementar nuevas estrategias, 49
Importancia de la concientización y el entrenamiento del personal, 142
Importancia de la prevención del espionaje industrial, 133
Ingeniería social, 61, 63
Intel, 90
Interceptación de comunicaciones, 64
Interceptar comunicaciones, 79
Introducir de nuevos productos o servicios, 50
Investigación, 223

L

La revisión de documentación:, 177

M

Métodos de reclutamiento de un espía industrial, 101
Microespionaje, 69

O
Observación y seguimiento, 81
Obtener el secreto industrial, 56
Obtener secretos comerciales, 53
Obtener ventajas competitivas, 48
Operaciones de espionaje industrial descubiertas por agencias gubernamentales, 119
P
Papel de las agencias gubernamentales y los servicios de inteligencia en la lucha contra el espionaje industrial, 115
Preparación para realizar una investigación de espionaje industrial, 204
Prevención del espionaje industrial, 131
Proporcionar retroalimentación a los empleados y reconocer los logros individuales en la prevención del espionaje industrial., 157
Protocolo de protección de datos:, 196
Protocolos de colaboración, 194
Q
Qué debe incluir el entrenamiento en prevención del espionaje industrial, 146
Que es el Espionaje industrial, 13
R
Realizar evaluaciones regulares para medir la efectividad del programa y hacer ajustes según sea necesario., 157
Reclutamiento de empleados, 78
Redes sociales, 106
Registro detallado de la investigación, 229
Reunión de información, 18
S
Selección de tácticas, 73
Sobornar empleados, 80
Sobornos, 67
T
Técnicas de espionaje industrial, 59
Tesla, 89
Toyota, 89
U
Utilización de intermediarios, 77
Utilizar múltiples métodos de capacitación, como clases en línea, talleres presenciales y prácticas de simulación., 156

Capítulo 1

Que es el Espionaje industrial

El espionaje industrial es un término que se refiere a la recopilación de información confidencial de una empresa o industria por parte de individuos o grupos que tienen intereses económicos, políticos o militares. La definición del espionaje industrial puede variar según el país y la legislación vigente.

Según el Ministerio del Interior francés, el espionaje industrial se define como "el robo, la apropiación, la copia, la desviación o el uso no autorizado de información comercial o técnica por parte de una persona o grupo de personas, ya sea para beneficio propio o para dañar a una empresa".

Por su parte, la Oficina Federal para la Protección de la Constitución de Alemania define el espionaje industrial como "el espionaje que tiene como objetivo obtener información sobre la tecnología, el conocimiento y la experiencia de organizaciones para beneficio de competidores nacionales y extranjeros".

Algunas de las referencias importantes en el campo del espionaje industrial son el libro "Le Grand Livre de l'Espionnage Industriel" de Christophe Dubois, el libro "Industriespionage" de Stefan Baron y el libro "Die Wirtschaftsspione" de Hans-Jörg Müllenmeister. También existen numerosos estudios académicos sobre el tema, como el artículo "Espionaje industrial: una revisión de la literatura y la necesidad de una respuesta efectiva" de L.P. Kuk and P. Yarborough.

A lo largo de la historia, se han registrado varios casos de espionaje industrial exitosos y fallidos, algunos de los cuales han tenido un gran impacto en la economía y la política de los países involucrados. Algunos de los casos de espionaje industrial exitosos incluyen la adquisición de secretos comerciales de Coca-Cola por parte de PepsiCo, la apropiación de secretos tecnológicos de la empresa Dupont por parte de la empresa coreana Kolon, y el robo de información sobre el Concorde por parte de la empresa Airbus.

Sin embargo, también ha habido numerosos casos de espionaje industrial fallidos, como el intento de robo de secretos comerciales de la empresa IBM por parte de la empresa Fujitsu, el intento de robo de información de la empresa Rolls Royce por parte de la empresa chino-británica Power-Mate Technology y el intento de robo de información de la empresa T-Mobile por parte de la empresa Huawei.

Además de las referencias alemanas, el espionaje industrial también ha sido objeto de estudio en Francia y Estados Unidos. En Francia, se ha señalado que los grupos económicos están en constante competencia y, por lo tanto, tienen un fuerte incentivo para obtener información de sus competidores. En particular, la industria tecnológica, militar y farmacéutica han sido identificadas como sectores de alto riesgo debido a su innovación constante y las oportunidades de lucro que ofrecen.

En un informe publicado por el Ministerio de Economía, Finanzas y Recuperación de Francia en 2012, se indica que el espionaje industrial es un problema importante que enfrentan las empresas francesas y que puede tener consecuencias graves para la economía del país. Según el informe, la información robada puede utilizarse para desarrollar productos similares a los de la empresa espiada, lo que reduce su ventaja competitiva y puede incluso sacarla del mercado.

Por su parte, en Estados Unidos, el espionaje industrial también es un tema recurrente. Un informe del Departamento de Seguridad Nacional de Estados Unidos de 2018 señala que el robo de propiedad intelectual es una amenaza grave para la economía del país, con costos estimados en cientos de miles de millones de dólares cada año. Según el informe, la industria tecnológica es particularmente vulnerable debido a su constante innovación y a la dependencia de la propiedad intelectual para proteger su ventaja competitiva.

En conclusión, el espionaje industrial es un problema que afecta a empresas de todo el mundo y en diferentes sectores económicos. La necesidad de obtener información de los competidores y la constante innovación en ciertas industrias hacen que el riesgo de robo de propiedad intelectual sea cada vez mayor. Es por ello que las empresas deben tomar medidas efectivas de prevención y protección para evitar ser víctimas de este tipo de espionaje.

Además de los grupos económicos mencionados anteriormente, es importante tener en cuenta que el espionaje industrial es llevado a cabo por espías corporativos, quienes son contratados por empresas para obtener información valiosa de sus competidores. Estos espías son, en muchos casos, ex agentes de inteligencia o personal militar retirado que tienen conocimientos y habilidades en el campo de la recolección de información.

Es importante destacar que, en el mundo empresarial, los espías corporativos son considerados como equivalentes a los mercenarios en el campo militar, ya que se les paga para llevar a cabo operaciones encubiertas en beneficio de sus empleadores. Estos espías pueden utilizar una variedad de técnicas, como la infiltración de empresas rivales, la recolección de información a través de medios electrónicos o el uso de fuentes humanas para obtener información.

Autores como Christopher Burgess y Richard Power han destacado la importancia del espionaje industrial en la era digital y cómo los avances tecnológicos han permitido nuevas técnicas para recolectar información. Además, las referencias francesas y estadounidenses han documentado una serie de casos de espionaje industrial que ilustran la relevancia y los riesgos asociados con esta actividad.

Capítulo 2
Recolección de Información

El espionaje industrial es una actividad que se lleva a cabo en diversas etapas o fases, cada una con objetivos específicos y técnicas particulares. En este capítulo, se examinarán las diferentes fases del espionaje industrial y se discutirán las tácticas y estrategias utilizadas en cada una de ellas. Desde la recopilación de información inicial hasta la explotación de los datos obtenidos, cada fase es crucial para lograr el éxito en el espionaje industrial. Además, se abordarán las medidas preventivas que pueden ser adoptadas por las empresas para evitar que sean víctimas de esta práctica ilegal. Es importante destacar que el espionaje industrial puede tener graves consecuencias tanto para las empresas afectadas como para la economía de un país en su conjunto. Por lo tanto, es fundamental estar informados y preparados para enfrentar este tipo de amenazas.

Reunión de información

La recolección de información es la primera fase del espionaje industrial, es en esta etapa donde el espía busca obtener información valiosa y estratégica de su competencia. En la mayoría de los casos, esta información es utilizada para obtener ventaja competitiva en el mercado, a través de la identificación de debilidades y fortalezas de los competidores.

Existen diferentes técnicas y estrategias utilizadas por los espías para recolectar información, las cuales pueden ser tanto legales como ilegales, dependiendo del contexto y la situación. Las fases de la recolección de información incluyen:

Identificación del objetivo: En esta etapa el espía identifica a su objetivo, es decir, la empresa o competidor del cual desea obtener información.

La identificación del objetivo es la primera fase del proceso de recolección de información en el espionaje industrial. En esta fase, el espía identifica y selecciona los objetivos que desea espiar. Esto puede incluir empresas competidoras, proveedores, clientes, empleados clave, e incluso los propios empleados de la empresa objetivo.

Durante esta fase, el espía también puede investigar la estructura de la organización objetivo, incluyendo sus departamentos, la cadena de suministro, los productos y servicios ofrecidos, y cualquier otra información relevante.

Es importante destacar que esta fase puede ser realizada por medio de la recolección de información pública o por medio de la infiltración en la organización objetivo. La identificación del objetivo es crucial para el éxito del espionaje industrial, ya que, sin un objetivo claro, la recolección de información puede ser ineficiente y poco efectiva.

Selección de la técnica de recolección de información: En esta etapa, los espías industriales seleccionan la técnica más adecuada para obtener la información que necesitan.

Existen diversas técnicas que los espías pueden utilizar para recolectar información, entre ellas se encuentran:

- *La observación directa:* es una técnica de recolección de información utilizada en el espionaje industrial, que consiste en la observación física de un objeto, proceso o actividad para obtener información relevante. Los espías pueden realizar esta técnica mediante la observación de fábricas, plantas de producción, edificios corporativos, o incluso eventos públicos donde se discutan temas relevantes. La observación directa puede ser realizada por un individuo o por un equipo de espionaje, y puede ser llevada a cabo de manera encubierta o abierta.

  En la fase de observación directa, los espías pueden utilizar tecnologías como cámaras ocultas, micrófonos y dispositivos de grabación para capturar información importante. Esta técnica es especialmente efectiva en la recolección de información sobre los procesos de producción y los sistemas de seguridad, y puede ser utilizada tanto en la industria civil como en la militar.

Sin embargo, la observación directa también puede presentar riesgos para el espía si es descubierto, ya que puede ser acusado de espionaje y enfrentar consecuencias legales y financieras. Por esta razón, los espías deben ser cuidadosos en su recolección de información y asegurarse de que están cumpliendo con las leyes y regulaciones aplicables.

- *La vigilancia electrónica*: Esta técnica implica el uso de dispositivos electrónicos para monitorear y grabar comunicaciones y actividades en áreas específicas.

Entre los dispositivos utilizados en la vigilancia electrónica se encuentran micrófonos ocultos, cámaras de video, rastreadores GPS, entre otros. Estos dispositivos se pueden instalar en lugares como oficinas, vehículos, teléfonos y computadoras para recopilar información confidencial.

Es importante tener en cuenta que la vigilancia electrónica es ilegal en muchos países si se realiza sin el consentimiento de las partes involucradas.

- *El robo de documentos:* es una técnica comúnmente utilizada en la recolección de información en el espionaje industrial. Esta técnica consiste en obtener documentos internos o confidenciales de una empresa o entidad a través de medios ilícitos, como el hurto, el engaño o el soborno. Los documentos robados pueden contener información valiosa sobre los planes de negocio, estrategias, tecnologías, investigaciones, patentes, entre otros aspectos sensibles de la empresa.

En muchos casos, el robo de documentos es llevado a cabo por personas que tienen acceso a la información confidencial, como empleados de la empresa, consultores o contratistas. También existen casos de espionaje industrial donde los delincuentes utilizan técnicas más sofisticadas, como el hacking, el phishing o la ingeniería social para obtener los accesos necesarios y conseguir lo que buscan, con fines de copiar y/o robar información o muestras.

El robo de documentos es un delito que puede tener graves consecuencias legales para los responsables y la empresa que se beneficia de la información robada. Por lo tanto, es fundamental que las empresas implementen medidas de seguridad y control de acceso a la información confidencial para prevenir este tipo de ataques.

- *La interceptación de comunicaciones*: Esta técnica consiste en la captura de comunicaciones entre los objetivos de espionaje, ya sea a través de teléfono, correo electrónico o cualquier otro medio electrónico. Puede ser realizada por medios electrónicos, como la instalación de software espía en un ordenador o teléfono, o por medios físicos, como la instalación de dispositivos de escucha en una habitación, sala de juntas o vehículo.

Para realizar la interceptación de comunicaciones, los espías pueden utilizar una variedad de herramientas, como software de hacking tipo "Pegasus" que fuedesarrollado por la empresa israelí NSO Group, dispositivos de escucha o incluso la ingeniería social para obtener acceso a las contraseñas y otros datos confidenciales. La interceptación de comunicaciones es una actividad ilegal en muchos países, y los espías pueden enfrentar graves consecuencias si son descubiertos.

- *El acceso no autorizado a sistemas informáticos:* se utiliza cada vez con mayor frecuencia en el espionaje industrial. Consiste en acceder a los sistemas informáticos de la empresa objetivo sin permiso, con el objetivo de obtener información confidencial.

  Esta técnica puede ser llevada a cabo por medio de ingeniería social, es decir, a través de la manipulación psicológica de las personas para que proporcionen información confidencial o contraseñas. También puede ser llevada a cabo a través de vulnerabilidades en el software o hardware del sistema, que permiten el acceso no autorizado.

  El acceso no autorizado a sistemas informáticos puede ser muy efectivo para obtener información confidencial, ya que la mayoría de las empresas almacenan gran parte de su información en sistemas informáticos. Sin embargo, esta técnica también es muy riesgosa, ya que puede ser detectada fácilmente por los sistemas de seguridad informática y puede tener graves consecuencias legales para los perpetradores.

- *El soborno de empleados:* Es una técnica de recolección de información utilizada por los espías industriales para obtener información confidencial de la empresa objetivo. Esta técnica se basa en la corrupción de un empleado de la empresa objetivo, ya sea a través del pago de una cantidad de dinero o de otros incentivos, incluidos la extorción, manipulación y chantaje.

  El espía industrial puede utilizar esta técnica para obtener información sobre los planes estratégicos de la empresa, sus productos o servicios, sus precios, sus estrategias de marketing, entre otros. A menudo, el soborno de empleados se lleva a cabo en combinación con otras técnicas de espionaje, como la observación directa, la vigilancia electrónica o el acceso no autorizado a sistemas informáticos.

- *La contratación de espías internos:* es una técnica utilizada por los espías industriales para obtener información confidencial de una empresa desde adentro. Esta técnica implica el reclutamiento de un empleado de la empresa objetivo que tenga acceso a información valiosa y que esté dispuesto a compartir esa información a cambio de dinero o algún otro beneficio, inclusive, casos extremos como los que mencione anteriormente, por ejemplo un caso de extorsión a una asistente administrativa en Canadá donde la amenazaron con publicar fotografías intimas en las redes social del colegio de los hijos si no entregaba una información específica, para ello, con anterioridad el espía coloca un hombres señuelo, según sea el caso, llegado el momento toma fotografías o capturar las conversaciones para chantajear, entre otros tantos ejemplos.

Los espías industriales pueden buscar a estos empleados a través de redes de contactos o reclutamiento en línea, o pueden identificar a posibles colaboradores a través de la observación y la vigilancia. Una vez que se ha establecido el contacto, los espías industriales pueden utilizar una variedad de tácticas para obtener información, como persuasión, engaño o intimidación.

El uso de espías internos es una técnica arriesgada ya que si se descubre puede tener consecuencias legales graves para los involucrados. Además, la colaboración de un empleado interno puede ser difícil de mantener en secreto y puede generar desconfianza y conflictos internos en la empresa.

Para prevenir la contratación de espías internos, las empresas pueden implementar medidas de seguridad tales como la revisión de antecedentes y la verificación de referencias de empleados antes de contratarlos, el monitoreo de actividades sospechosas de los empleados, la implementación de protocolos de seguridad de la información y la sensibilización y educación de los empleados sobre la importancia de la confidencialidad de la información.

Ejecución de la técnica de recolección de información: En esta etapa el espía pone en marcha la técnica seleccionada para recolectar información. Implica llevar a cabo la acción planificada en la fase anterior. Cada técnica de recolección de información requerirá diferentes habilidades, herramientas y tácticas para llevarla a cabo de manera efectiva.

Por ejemplo, en el caso de la observación directa, el espía necesitará estar presente en el lugar donde se está llevando a cabo la actividad o lugar a espiar y tener habilidades para pasar desapercibido mientras toma nota de la información relevante. En el caso de la interceptación de comunicaciones, se necesitará tener acceso a los sistemas de comunicación y las herramientas para interceptar, descifrar y registrar la información.

Las características de la ejecución de la técnica de recolección de información varían según la técnica utilizada, pero hay algunas que se aplican a la mayoría de ellas:

- *Cuidado en la ejecución:* La ejecución de la técnica de recolección de información debe ser cuidadosamente planificada y ejecutada para evitar ser detectada. Esto incluye elegir el momento adecuado, seleccionar a los miembros del equipo adecuados y preparar un plan de contingencia en caso de que algo salga mal.

Los espías deben asegurarse de no levantar sospechas y actuar con discreción para evitar ser detectados.

La ejecución de la técnica debe ser planificada y organizada de manera meticulosa, de tal forma que se maximice la obtención de información mientras se minimiza el riesgo de ser descubierto.

En algunos casos, la ejecución de la técnica puede implicar la utilización de equipos sofisticados o la participación de varios individuos, por lo que la coordinación y comunicación entre los miembros del equipo es esencial para evitar errores y minimizar el riesgo de ser detectados.

- *Utilización de herramientas tecnológicas:* En muchas de las técnicas de recolección de información se utilizan herramientas tecnológicas para facilitar la tarea. Por ejemplo, en la vigilancia electrónica se utilizan cámaras de video, micrófonos, dispositivos GPS y otros dispositivos de espionaje, incluidos los drones.

Es una característica común en la ejecución de las técnicas de recolección de información en el espionaje industrial. Pueden hacer uso de diversas tecnologías para obtener información de la competencia, como cámaras ocultas, dispositivos de escucha, software espía y muchos más.

Por ejemplo, en la interceptación de comunicaciones, los espías pueden utilizar software para interceptar y grabar llamadas telefónicas o correos electrónicos. En el acceso no autorizado a sistemas informáticos, pueden utilizar técnicas de hacking para acceder a sistemas y robar información valiosa.

Es importante destacar que, aunque el uso de tecnología puede hacer más fácil y efectiva la recolección de información, también aumenta el riesgo de ser detectado y expuesto. Por lo tanto, los espías deben tener un buen conocimiento técnico y de seguridad informática para evitar ser descubiertos.

- *Acceso a la información:* En algunas técnicas, como el robo de documentos o la interceptación de comunicaciones, el acceso a la información puede ser difícil. Los espías deben utilizar su ingenio y habilidades para acceder sin llamar la atención.

Obtener la información puede implica la identificación y acceso a sistemas o lugares donde reposa el objetivo del espionaje. Conseguirla, necesariamente va a requerir que el espía busque la obtención de credenciales de acceso a sistemas informáticos, la manipulación de empleados para obtener información confidencial o el acceso a áreas restringidas. La obtención de información es un proceso gradual y se pueden necesitar múltiples instancias de acceso para obtener toda la que busca el espia. Además, los espías industriales pueden tener que lidiar con la encriptación de datos o medidas de seguridad adicionales implementadas por la organización objetivo para proteger su información. Por lo tanto, la obtención de información puede requerir habilidades técnicas avanzadas y conocimientos avanzados de seguridad informática.

- *Mantenimiento de la confidencialidad:* Los espías son disciplinados y mantienen la confidencialidad de la información que han recopilado. Esto incluye la eliminación de cualquier evidencia física de la técnica de recolección de información utilizada, la protección de los miembros del equipo y la utilización de canales de comunicación seguros.

La confidencialidad es una característica importante de la ejecución de la técnica de recolección de información en el espionaje industrial. Los espías siempre se aseguran que la información obtenida se mantenga en secreto y no se revele a terceros sin autorización.

Para mantener la confidencialidad de la información, los espías utilizan diversas técnicas, como la encriptación de datos, la eliminación segura de archivos, la protección de redes y sistemas informáticos, y la creación de sistemas de comunicación seguros. Además, los espías tienen siempre presente que la divulgación no autorizada de información confidencial puede tener graves consecuencias legales y de reputación.

La ejecución de la técnica de recolección de información debe hacerse con cuidado para evitar ser descubierto. Los espías deben estar preparados para adaptarse a situaciones cambiantes y tener planes de contingencia en caso de que algo salga mal.

Los espías industriales son cuidadosos en la ejecución de estas técnicas, utilizando herramientas tecnológicas para facilitar el proceso y garantizar el acceso a la información. También mantienen la confidencialidad para evitar la exposición de la empresa y el espía.

En resumen, la fase de recolección de información es la base para el éxito del espionaje industrial y requiere una planificación cuidadosa casi quirúrgica con cálculos de nivel militar, además, requiere una ejecución estratégica y táctica al nivel de una operación especial de inteligencia o contrainteligencia y el manejo discreto de las comunicaciones y la información obtenida.

Capítulo 3

Análisis de información

Una vez recopilada la información, se procede a su análisis, esta es una etapa crítica en el proceso de espionaje industrial. El objetivo es transformar la información en conocimiento útil y valioso para la organización que ordena realizar el espionaje.

En esta fase se busca identificar:

- *Patrones:* se refieren a cualquier tipo de comportamiento, actividad o tendencia que se repite en la información obtenida. Los patrones pueden ser utilizados para identificar las fortalezas y debilidades de la empresa competidora, así como para anticipar su comportamiento futuro. Por ejemplo, un patrón puede ser la frecuencia con la que una empresa presenta nuevas patentes, lo que podría indicar un enfoque particular en investigación y desarrollo. Identificar patrones también puede ayudar a los espías industriales a establecer un perfil de la empresa competidora y determinar las áreas donde es más vulnerable.

- *Tendencias:* Son patrones o direcciones generales que se observan en la información recopilada. Al realizar análisis de los datos, se pueden identificar tendencias en los patrones que pueden ser útiles para prever comportamientos futuros. En el contexto del espionaje industrial, las tendencias pueden ser utilizadas para anticipar las acciones futuras de la empresa competidora y tomar medidas preventivas o de contraespionaje. Por ejemplo, si se observa una tendencia de la empresa competidora para aumentar su inversión en investigación y desarrollo, esto podría indicar que están trabajando en un nuevo producto o tecnología que podría afectar negativamente a la empresa que realiza el espionaje industrial. Con esta información, se podrían tomar medidas para contrarrestar la amenaza potencial o anticiparse y trabajar más rápido por llevar la delantera en desarrollo tecnológico, financiero, de marketing, entre otras.

- *Debilidades:* Se refiere a la búsqueda de áreas vulnerables dentro de la organización objetivo que puedan ser explotadas por el espía industrial. Esto puede incluir debilidades en la seguridad de la información, falta de protección de propiedad intelectual, problemas de gestión de recursos humanos, entre otros. La identificación de debilidades es esencial para el éxito de la fase de acción, ya que proporciona al espía información valiosa sobre las áreas en las que puede concentrarse para iniciar su ataque de obtención de información y/o realizar actividades de sabotaje.

- *Fortalezas de la competencia:* son aquellos aspectos en los que la empresa competidora tiene ventaja sobre la propia empresa, ya sea en términos de tecnología, recursos, estrategias de marketing, innovación o financieros, entre otros. Estas fortalezas pueden ser identificadas mediante el análisis de la información obtenida a través del espionaje industrial y pueden ser utilizadas para mejorar y fortalecer la propia empresa en áreas clave.

Ejemplo, si una empresa de desarrollo tecnológico identifica que su competidor tiene una ventaja en marketing en cierta zona, puede utilizar esa información para invertir en investigación, desarrollo e inteligencia de mercados en ese mismo sector y así mejorar su posicionamiento y recordación. O si una empresa de marketing identifica que su competidor tiene una estrategia publicitaria exitosa, puede utilizar esa información para mejorar sus propias campañas publicitarias y aumentar su alcance.

- *Oportunidades:* se refieren a las posibles ventajas que una empresa podría obtener al tomar medidas específicas basadas en la información recolectada sobre su competencia. Estas oportunidades podrían incluir, por ejemplo, la identificación de brechas en el mercado que la empresa podría aprovechar para lanzar un nuevo producto o servicio, o el descubrimiento de un área en que la competencia es débil y la empresa podría aprovechar para aumentar su participación en el mercado.

  En general, el análisis de oportunidades puede ayudar a una empresa a tomar decisiones informadas sobre su estrategia de negocio y a encontrar formas de mejorar su posición en el mercado.

- *Amenazas del mercado en el que se desenvuelve:* se refieren a las condiciones externas del entorno empresarial que pueden afectar negativamente a la organización y a su capacidad para alcanzar sus objetivos. En la fase de análisis de información del espionaje industrial, se busca identificar estas amenazas para la competencia, como por ejemplo, cambios en la regulación gubernamental, fluctuaciones en los precios de las materias primas, desastres naturales, entre otros. De esta manera, las empresas pueden anticipar y adaptarse a los cambios del mercado para minimizar su impacto en su rentabilidad y posición en el mercado.

La información obtenida puede ser utilizada para la toma de decisiones, la planificación estratégica, el desarrollo de productos y servicios, la mejora de procesos, entre otros fines.

El análisis de información se realiza mediante técnicas y herramientas específicas, como:

- *Análisis de inteligencia:* es una técnica utilizada en el espionaje industrial para obtener información valiosa sobre la competencia. Esta técnica consiste en procesar la información recolectada con el objetivo de identificar patrones, tendencias, fortalezas, debilidades, oportunidades y amenazas en el mercado en el que se desenvuelve la empresa.

  El análisis de inteligencia incluye la evaluación del riesgo y la identificación de posibles escenarios futuros. Con esta información, las empresas pueden tomar decisiones informadas sobre su estrategia de negocio y anticipar posibles amenazas u oportunidades en el mercado.

- *Vigilancia tecnológica:* es una técnica utilizada en la fase de análisis de información del espionaje industrial que consiste en el monitoreo y análisis sistemático de información tecnológica para identificar oportunidades y riesgos para la organización. Permite a las empresas identificar nuevas tecnologías, patentes, productos y procesos que pueden mejorar su posición competitiva, así como también identificar posibles amenazas tecnológicas. La vigilancia tecnológica se realiza a través de la monitorización de fuentes de información, como patentes, publicaciones científicas y técnicas, bases de datos, ferias, exposiciones y redes sociales, entre otros. También se utilizan herramientas tecnológicas para automatizar y optimizar el proceso de recopilación y análisis de información.

- *Ingeniería inversa:* es una técnica que se utiliza para descomponer y analizar un producto o sistema ya existente con el objetivo de comprender su funcionamiento interno y poder recrearlo o mejorarlo. En el contexto del espionaje industrial, la ingeniería inversa se utiliza para obtener información sobre productos o tecnologías de la competencia, desmontándolos y estudiando su diseño y componentes. Esto puede ayudar a una empresa a mejorar sus propios productos o a desarrollar nuevos productos y tecnologías basados en la información obtenida de la competencia. Sin embargo, la ingeniería inversa puede ser ilegal si se realiza sin autorización del propietario del producto o sistema analizado.

- *Análisis de redes sociales:* es una técnica de análisis de información que se enfoca en el estudio de la estructura y las relaciones de una red social. Esto puede incluir el análisis de patrones de comunicación, las conexiones entre los miembros de la red y la identificación de líderes o *"influencers"* en las redes sociales e internet en general.

  En el contexto del espionaje industrial, el análisis de redes sociales puede ser utilizado para identificar posibles colaboradores o contactos clave dentro de una empresa o industria en particular. También puede ser utilizado para rastrear la difusión de información confidencial o para identificar posibles amenazas a la seguridad de la información.

- *Minería de datos:* es una técnica utilizada en el análisis de información en el espionaje industrial. Consiste en la exploración y análisis de grandes conjuntos de datos para descubrir patrones y tendencias significativas que puedan ser útiles para la toma de decisiones. En el contexto del espionaje industrial, la minería de datos se utiliza para identificar patrones y tendencias en la información recopilada sobre la competencia, los mercados y las tendencias tecnológicas. De esta manera, se pueden descubrir oportunidades y amenazas potenciales que pueden ser explotadas o evitadas en función de los intereses de la empresa.

- *Análisis de contenido:* es una técnica utilizada en el espionaje industrial para identificar patrones, tendencias y relaciones en la información recopilada. Consiste en examinar detenidamente el contenido de los documentos y registros para extraer información relevante y útil para la empresa.

  Esta técnica implica la revisión de documentos como informes financieros, manuales de procedimientos, correos electrónicos, publicaciones en redes sociales y otros documentos relacionados con la competencia. El objetivo es identificar información valiosa para tomar decisiones estratégicas y mejorar la posición de la empresa a niveles competitivos.

  El análisis de contenido puede realizarse de manera manual o mediante el uso de herramientas de software especializadas en análisis de texto y minería de datos. Estas herramientas son capaces de analizar grandes cantidades de información en un corto período de tiempo, lo que permite a las empresas obtener información de manera más eficiente y efectiva.

- *Análisis de sistemas de información:* se enfoca en identificar las vulnerabilidades y brechas de seguridad en los sistemas de información de una empresa o competidor. Este tipo de análisis requiere un conocimiento profundo de los sistemas de información y tecnologías, así como también habilidades en hacking ético para simular ataques y descubrir debilidades en los sistemas.

  El objetivo del análisis de sistemas de información en el espionaje industrial es obtener información valiosa sobre los sistemas de información de una empresa o competidor, como los datos de clientes, estrategias de negocio y secretos de propiedad intelectual. Esto puede permitir a los espías industriales obtener una ventaja competitiva sobre sus rivales o incluso sabotear a sus competidores.

Para llevar a cabo el análisis de sistemas de información, se pueden utilizar herramientas y técnicas como un "pentesting" o prueba de penetración, el escaneo de vulnerabilidades, la evaluación de riesgos y la ingeniería social.

- *Análisis de inteligencia competitiva:* es una técnica utilizada en la fase de acción del espionaje industrial que se enfoca en recolectar y analizar información sobre la competencia de una empresa. Esta técnica implica el uso de herramientas y métodos específicos para identificar las fortalezas y debilidades de los competidores, así como sus estrategias y movimientos en el mercado. El análisis de inteligencia competitiva puede ayudar a las empresas a tomar decisiones más informadas y a mantenerse al tanto de los cambios en el mercado y en la competencia.

- *Análisis de huellas y registros digitales:* es una técnica utilizada en el espionaje industrial para identificar información relevante a través de la evaluación de datos electrónicos. Esta técnica se basa en el análisis de los rastros dejados por un individuo u organización en sus interacciones electrónicas, como la navegación en línea, el uso de redes sociales, correos electrónicos, entre otros.

El análisis de huellas y registros digitales busca identificar patrones de comportamiento y preferencias en línea de la organización o individuo objetivo, lo que puede revelar información valiosa sobre sus estrategias comerciales, proyectos en desarrollo, y otros aspectos relevantes para el espionaje industrial.

Para llevar a cabo este análisis, se utilizan herramientas tecnológicas como programas especializados, motores de búsqueda especializados, y otras aplicaciones informáticas que permiten recopilar, procesar y analizar grandes cantidades de información en línea. Además, los analistas también pueden aplicar técnicas de "análisis de inteligencia" y "análisis de patrones" para interpretar y sacar conclusiones de los datos obtenidos.

- *Análisis de sentimiento:* es una técnica utilizada en la fase de análisis de información que se centra en identificar y categorizar las emociones y opiniones expresadas en el contenido de un texto. Esta técnica puede ser utilizada para analizar publicaciones en redes sociales, comentarios de clientes en sitios web, reseñas de productos, entre otros.

  El análisis de sentimiento utiliza algoritmos de procesamiento de lenguaje natural para identificar palabras y frases que denoten emociones positivas, negativas o neutras. Luego, el análisis clasifica el texto en una de estas categorías y genera una puntuación para reflejar la intensidad de la emoción expresada.

  Esta técnica puede ser muy útil para las empresas que desean comprender cómo los clientes perciben sus productos o servicios. El análisis de sentimiento también puede proporcionar información valiosa sobre la reputación de la empresa y la percepción de la marca en el mercado.

- *Análisis de asociación:* es una técnica de minería de datos que busca descubrir patrones frecuentes en conjuntos de datos transaccionales. *"Esta técnica se utiliza para identificar relaciones entre variables y descubrir patrones en grandes conjuntos de datos"*[1]. El análisis de asociación puede ayudar a identificar correlaciones y patrones que pueden ser utilizados para mejorar la toma de decisiones y la planificación estratégica.

- *Análisis predictivo:* El análisis predictivo es una técnica utilizada en la fase de análisis de información para hacer pronósticos o predicciones sobre posibles eventos futuros. Se basa en el análisis de datos históricos y patrones para identificar tendencias y prever posibles resultados en el futuro. Esta técnica se utiliza comúnmente en áreas como finanzas, marketing, salud y seguridad.

En el contexto del espionaje industrial, el análisis predictivo puede ayudar a las empresas a prever las acciones de sus competidores y a identificar posibles amenazas. Por ejemplo, se pueden utilizar modelos predictivos para prever los movimientos de los competidores en el mercado, las tendencias de compra de los clientes, los precios de los productos y las posibles estrategias de marketing. Esto puede permitir que una empresa tome medidas preventivas para protegerse y mantener su posición en el mercado.

- *Análisis de inteligencia artificial:* es una técnica de análisis de información que utiliza algoritmos de aprendizaje automático para analizar grandes cantidades de datos y descubrir patrones, tendencias y relaciones ocultas en la información. La IA es capaz de procesar grandes cantidades de datos de forma mucho más rápida y eficiente que los seres humanos, lo que la convierte en una herramienta valiosa para el análisis de información en el espionaje industrial.

Algunas de las aplicaciones de la IA en el análisis de información incluyen la detección de anomalías, la clasificación de datos, el análisis de sentimiento, la identificación de patrones y tendencias, y la predicción de resultados. La IA también puede utilizarse para automatizar procesos de análisis, lo que permite a los analistas centrarse en la interpretación de los resultados.

El uso de la IA en el análisis de información también plantea algunos desafíos, como la necesidad de contar con datos de alta calidad y la preocupación por la privacidad y la seguridad de los datos.

- *Análisis de patrones de comportamiento:* es una técnica que se utiliza en el espionaje industrial para identificar comportamientos regulares o recurrentes de un individuo o grupo de individuos. Esta técnica se basa en el análisis de los patrones de comportamiento que muestran los sujetos observados en un determinado período de tiempo, con el fin de identificar actividades sospechosas o inusuales.

  Se utiliza en la fase de análisis de información para identificar patrones de comportamiento de la competencia, así, como para identificar posibles amenazas internas. Esta técnica es particularmente útil para detectar actividades inusuales o sospechosas, como la transferencia de grandes cantidades de datos o la realización de actividades fuera del horario laboral.

  Los espías industriales pueden utilizar herramientas de análisis de datos para realizar un examen de patrones de comportamiento, esto les permite detectar pautas en grandes conjuntos de datos. Estas herramientas pueden incluir software de minería de datos, herramientas de análisis de redes sociales y herramientas de análisis de contenido. El análisis de patrones de comportamiento también puede implicar la recopilación de datos a través de la vigilancia tecnológica o la observación directa de los sujetos de interés.

Además de estas técnicas, los espías industriales también pueden utilizar herramientas específicas para el análisis de información, como:

- *Software de minería de datos:* es una herramienta utilizada para analizar grandes cantidades de datos con el objetivo de descubrir patrones, tendencias y relaciones ocultas. Estas herramientas ayudan a identificar información valiosa y relevante que de otra manera podría pasar desapercibida.

  Algunas de las características más comunes de los programas de minería de datos incluyen la capacidad de:

  Importar y exportar datos de diversas fuentes, como bases de datos, hojas de cálculo, archivos de texto, etc.

  Realizar análisis estadísticos y matemáticos avanzados para identificar patrones y tendencias.

  Visualizar los resultados del análisis mediante gráficos y diagramas para una mejor comprensión de los datos.

  Identificar correlaciones entre variables y predecir futuros comportamientos o resultados.

  Identificar anomalías o excepciones en los datos.

  Estos son algunos ejemplos de software de minería de datos más utilizados por las industrias de los diferentes sectores como el marketing, la banca, la salud, la ciencia, la industria, entre otros, algunos de estos programas son: IBM SPSS, SAS Enterprise Miner, RapidMiner, KNIME, Microsoft Power BI.

- *Herramientas de análisis forense digital:* estas herramientas son utilizadas para analizar sistemas informáticos en busca de información relevante y pistas sobre los posibles espías industriales, algunas de estas herramientas son:

Encase: una herramienta de análisis forense líder en la industria que permite adquirir, analizar y reportar datos de dispositivos electrónicos.

FTK (Forensic Toolkit): una herramienta utilizada para la adquisición y análisis de datos en dispositivos electrónicos en casos de investigaciones criminales y de seguridad.

Autopsy: esta herramienta de análisis forense de código abierto, permite la recuperación de datos de sistemas operativos Windows, Linux y MacOS.

X-Ways Forensics: esta herramienta de análisis forense se usa para la adquisición y análisis de datos en dispositivos electrónicos en investigaciones criminales y de seguridad.

Oxygen Forensic Detective: una herramienta de análisis forense digital para la adquisición y análisis de datos en dispositivos móviles y de almacenamiento en la nube.

ProDiscover: esta herramienta de análisis forense permite adquirir y analizar datos en dispositivos electrónicos en investigaciones criminales y de seguridad.

Cellebrite UFED: una herramienta de análisis forense digital para la adquisición y análisis de datos en dispositivos móviles y de almacenamiento en la nube.

Estas herramientas y muchas más, permiten a los analistas forenses digitales obtener y analizar datos en dispositivos electrónicos, lo que puede ser de gran utilidad en investigaciones de espionaje industrial y otras actividades ilícitas.

- *Herramientas de análisis de tráfico de red:* son utilizadas para monitorear y analizar el tráfico que fluye a través de una red, son útiles en el espionaje industrial porque permiten a los espías obtener información sobre la actividad de la red de la competencia. Algunas de las herramientas de análisis de tráfico de red más comunes incluyen:

  Wireshark: Es una herramienta de análisis de tráfico de red de código abierto que captura y analiza el tráfico de red en tiempo real.

  Tcpdump: Es una herramienta de línea de comando para capturar y analizar el tráfico de red.

  Netsniff-ng: Es una herramienta de análisis de tráfico de red para sistemas Linux que captura y analiza el tráfico de red en tiempo real.

  Snort: Es una herramienta de detección de intrusiones de red que también puede ser utilizada para analizar el tráfico de red.

  Tshark: Es una versión de línea de comandos de Wireshark que permite capturar y analizar el tráfico de red.

También son ampliamente usadas las aplicaciones o software para identificar patrones en el tráfico de red, como el uso de aplicaciones o servicios específicos o para detectar actividades sospechosas, como la transferencia de grandes cantidades de datos fuera de la red de la empresa.

- *Herramientas de inteligencia artificial:* se refieren a cualquier aplicación o software que pueda simular funciones cognitivas humanas, como el aprendizaje, el razonamiento, la percepción, la toma de decisiones, el procesamiento del lenguaje natural, la visión por computadora, entre otros. En el contexto del espionaje industrial, las herramientas de inteligencia artificial se pueden utilizar para analizar grandes cantidades de datos y descubrir patrones y relaciones que pueden ser relevantes para la empresa.

Estas herramientas de inteligencia artificial (IA) son explotadas por analistas en medio de operaciones de espionaje industrial o corporativo e incluyen:

Aprendizaje automático: facultad técnica con la que fueron programadas algunas máquinas para aprender y mejorar su rendimiento.

Redes neuronales artificiales: sistemas informáticos que emulan el funcionamiento del cerebro humano y se utilizan para el reconocimiento de patrones y la toma de decisiones.

Procesamiento del lenguaje natural: técnica que permite a las máquinas entender, interpretar y generar lenguaje humano.

Algoritmos genéticos: técnica que imita el proceso evolutivo de la selección natural para encontrar soluciones óptimas a problemas complejos.

Sistemas expertos: sistemas informáticos que utilizan bases de conocimiento y reglas lógicas para simular la toma de decisiones humanas.

Adicional, se utilizan las diseñadas para el análisis de información y que se pueden aprovechar en un proceso de espionaje industrial, ya que pueden ayudar a identificar patrones y relaciones que de otro modo podrían pasar desapercibidos. Sin embargo, también tiene algunas limitaciones, como la necesidad de una supervisión y análisis humano adecuados y no son 100% autónomos.

Estas son algunas herramientas de análisis de texto más populares:

- *Software de análisis de texto:* La herramienta emplea técnicas de procesamiento del lenguaje natural (NLP) para examinar grandes volúmenes de texto y obtener información relevante y valiosa. Estas herramientas son muy útiles para el análisis de información en el espionaje industrial, ya que permiten identificar patrones, tendencias y temas relevantes en grandes volúmenes de datos no estructurados, como correos electrónicos, documentos, publicaciones en redes sociales, entre otros.

- *NLTK:* una biblioteca de Python para procesamiento del lenguaje natural que incluye herramientas para tokenización, análisis de sentimiento, etiquetado de partes del discurso, entre otros.

  IBM Watson Natural Language Understanding: es una herramienta basada en la nube que emplea tecnología de procesamiento del lenguaje natural (NLP) para analizar textos y extraer información relevante de ellos.

  Google Cloud Natural Language: una plataforma de análisis de texto basada en la nube que permite analizar el sentimiento, la entidad y la clasificación de los textos.

  RapidMiner: una plataforma de análisis de datos que incluye herramientas de procesamiento del lenguaje natural.

  SAS Text Analytics: una plataforma de análisis de texto que incluye herramientas para la identificación de temas, análisis de sentimiento, entre otros.

Software de reconocimiento de voz: es una herramienta que permite transcribir automáticamente el contenido hablado en texto escrito. Es útil para el análisis de grabaciones de audio o video donde se pueda encontrar información relevante para el espionaje industrial, como conversaciones confidenciales o información estratégica. También puede ser útil en el análisis de llamadas telefónicas interceptadas. Algunos ejemplos de software de reconocimiento de voz son:

Dragon NaturallySpeaking: Un software líder en reconocimiento de voz para Windows que permite dictar y controlar la computadora mediante comandos de voz.

Google Voice Typing: Una herramienta gratuita de Google que permite dictar texto en Google Docs, Gmail y otros productos de Google utilizando el micrófono de la computadora.

Apple Dictation: Una herramienta integrada en los productos de Apple, que permite dictar texto en la Mac y en dispositivos iOS.

Amazon Transcribe: Un servicio en línea de Amazon Web Services que permite transcribir automáticamente el habla en texto.

Windows Speech Recognition: Una herramienta gratuita integrada en Windows que permite dictar y controlar la computadora mediante comandos de voz.

IBM Watson Speech to Text: Un servicio en línea de IBM que convierte el habla en texto utilizando la tecnología de inteligencia artificial.

El uso de estas técnicas y herramientas puede ser ilegal o violar la privacidad de terceros, por lo que es importante que las empresas implementen medidas de seguridad adecuadas para proteger su información confidencial.

Cabe destacar que el análisis de información no es una tarea fácil y requiere de personal capacitado y especializado en el área. Además, debe realizarse con ética y respetando la normativa legal en cuanto a la recolección y uso de información.

Capítulo 4

Acción

En el espionaje industrial la acción es el momento en que se llevan a cabo las actividades necesarias para utilizar la información obtenida durante las fases anteriores. Esta etapa puede ser la más delicada y peligrosa, ya que implica la toma de decisiones estratégicas y tácticas para lograr los objetivos previamente establecidos. En esta fase se pone a prueba la capacidad de los espías industriales para llevar a cabo sus objetivos sin ser detectados, utilizando los medios y recursos necesarios para ello. En esta sección, se abordarán las diferentes actividades que podría adelantar un espía, así como las medidas de seguridad y prevención necesarias para minimizar los riesgos y evitar posibles consecuencias negativas.

En esta fase, los espías industriales utilizan la información obtenida para:

Obtener ventajas competitivas

Es uno de los objetivos principales de las empresas y organizaciones en el mercado. Una ventaja competitiva es cualquier factor que les permita destacar y sobresalir entre sus competidores, ya sea en términos de costo, calidad, innovación, eficiencia, entre otros.

El espionaje industrial puede ser una forma de obtener información sobre las ventajas competitivas de otras empresas y por lo tanto, adquirir ventajas propias. Sin embargo, es importante tener en cuenta que esta práctica es ilegal y puede tener consecuencias graves para las empresas que la llevan a cabo. En lugar de recurrir al espionaje, es recomendable buscar formas éticas y legales de obtener información sobre la competencia y trabajar en el desarrollo de ventajas propias a través de la innovación, la mejora continua y la atención al cliente.

La ventaja competitiva obtenida mediante el espionaje industrial se caracteriza por ser:

- *Secreta:* la información obtenida de manera ilícita se mantiene en secreto para que la competencia no tenga acceso a ella.
- *Exclusiva:* la información es única y proporciona una ventaja exclusiva sobre la competencia.
- *Durable:* La información puede mantenerse como una ventaja competitiva durante un período prolongado de tiempo.
- *Accesible:* La información se utiliza para tomar decisiones y se convierte en un recurso accesible para la empresa.
- *Rentable:* La información puede proporcionar un retorno de inversión significativo a largo plazo.
- *Legalidad dudosa:* La información se obtiene de manera ilegal, lo que hace que la legalidad de la ventaja competitiva sea cuestionable.
- *Ética cuestionable:* La adquisición de información a través del espionaje industrial se considera poco ética y puede dañar la reputación de la empresa que la utiliza.

Implementar nuevas estrategias

Implica la adquisición de información estratégica sobre la competencia y su entorno para diseñar y ejecutar planes que permitan a la empresa obtener una ventaja competitiva. Esta práctica se lleva a cabo de manera encubierta, a menudo mediante el uso de técnicas de espionaje en entornos industriales.

Las características de la implementación de nuevas estrategias utilizando el espionaje industrial incluyen la identificación de información relevante, la planificación cuidadosa y la ejecución discreta de operaciones de espionaje, la evaluación y el análisis de los datos recopilados y la aplicación de los conocimientos adquiridos para desarrollar planes de acción efectivos y exitosos.

Introducir nuevos productos o servicios

Es una estrategia comúnmente utilizada por las empresas para mantenerse competitivas en el mercado y aumentar su rentabilidad. En este sentido, el espionaje industrial puede ser una herramienta útil para obtener información valiosa sobre los productos o servicios de la competencia, sus características, innovaciones y planes futuros de lanzamiento.

Algunas características clave para implementar esta estrategia de manera efectiva utilizando el espionaje industrial son:

- *Identificar las empresas y productos objetivo:* es importante seleccionar cuidadosamente las empresas y productos sobre los cuales se desea obtener información, y asegurarse de que estén alineados con los objetivos estratégicos de la empresa.

- *Utilizar fuentes de información confiables:* es fundamental contar con fuentes de información confiables y verificables y evitar prácticas ilegales como el hackeo o el acceso no autorizado a información.

- *Analizar y utilizar la información obtenida:* una vez obtenida la información, es fundamental analizarla y utilizarla de manera ética y responsable, respetando los derechos de propiedad intelectual y evitando el plagio o la copia de ideas.

- *Mantener la confidencialidad:* es importante mantener la información obtenida de manera confidencial y asegurarse de que no se divulgue de manera no autorizada, evitando así posibles acciones legales y daños a la reputación de la empresa.

- *Ser proactivo y adaptable:* es fundamental ser proactivo y estar al tanto de las tendencias y cambios en el mercado, así como adaptarse rápidamente a los cambios en las estrategias de la competencia y las demandas de los clientes.

Mejora los productos o servicios existentes

Es una estrategia común en muchas empresas para mantenerse competitivas en el mercado. Utilizando el espionaje industrial, las empresas pueden obtener información sobre las mejoras que están haciendo sus competidores en sus productos o servicios y así identificar áreas en las que necesitan mejorar para mantenerse al día. Además, pueden identificar nuevas tecnologías o procesos utilizados por sus competidores y adaptarlos a sus propios productos o servicios para hacerlos más eficientes y efectivos. Todo esto les permite mejorar su oferta y ofrecer un mejor valor a sus clientes, lo que a su vez puede aumentar su cuota de mercado y su rentabilidad.

Identificar nuevas oportunidades de negocio

El espionaje industrial puede ser utilizado para identificar nuevas oportunidades de negocio al obtener información sobre los planes estratégicos y los proyectos de investigación y desarrollo de otras empresas. Al recopilar información sobre los productos o servicios que las empresas están desarrollando, se puede identificar una posible brecha en el mercado que se pueda llenar con un nuevo producto o servicio. También se pueden identificar posibles socios comerciales o clientes potenciales al monitorear la actividad de la competencia en diferentes mercados.

Estas son algunas características de la identificación de nuevas oportunidades de negocio mediante el espionaje industrial:

- *Obtención de información*: la identificación de oportunidades de negocio a través del espionaje industrial implica la recolección de información estratégica sobre la competencia, el mercado y las tendencias del sector.

- *Análisis de la información*: una vez obtenida la información, es necesario analizarla cuidadosamente para identificar patrones, tendencias y oportunidades que puedan ser aprovechadas por la empresa.

- *Identificación de necesidades insatisfechas:* una de las principales formas en que el espionaje industrial puede ayudar a identificar nuevas oportunidades de negocio es mediante la identificación de necesidades insatisfechas en el mercado que puedan ser atendidas por la empresa.

- *Identificación de nuevas tecnologías:* el espionaje industrial también puede ayudar a la empresa a identificar nuevas tecnologías que puedan ser utilizadas para desarrollar productos o servicios innovadores y diferenciados.

- *Identificación de nuevas tendencias de consumo:* el espionaje puede proporcionar información sobre las tendencias de consumo emergentes, lo que puede ayudar a la empresa a identificar nuevas oportunidades de negocio y desarrollar productos o servicios que satisfagan esas necesidades.

- *Innovación:* la identificación de nuevas oportunidades de negocio mediante el espionaje industrial puede ayudar a la empresa a innovar y desarrollar nuevos productos o servicios que la diferencien de la competencia y generen ventajas competitivas.

Obtener secretos comerciales

Es una de las principales motivaciones detrás del espionaje industrial. Las empresas pueden tratar de obtener información confidencial sobre los productos, procesos, tecnologías y estrategias de su competencia para obtener una ventaja competitiva en el mercado. Los secretos comerciales pueden incluir patentes, fórmulas, diseños, estrategias de marketing, planes de negocio y otros datos valiosos que pueden ser utilizados para mejorar la posición de una empresa en el mercado.

Conocer planes de negocios

Puede ser una de las razones por las cuales se lleva a cabo el espionaje industrial. Al obtener información sobre los planes futuros de la competencia, una empresa puede ajustar sus propios planes y estrategias para mantenerse por delante de la competencia.

Estas son algunas características sobre la forma de conocer los planes de negocios de la competencia mediante el espionaje industrial:

- *Identificar oportunidades:* Al conocer los planes de negocios de la competencia, una empresa puede identificar oportunidades de negocio que antes no eran evidentes.

- *Detectar amenazas:* Conociendo los planes de la competencia, una empresa puede detectar amenazas a su negocio que antes no eran evidentes.

- *Prepararse para cambios en el mercado:* Al conocer los planes de negocios, una empresa puede prepararse para los cambios en el mercado que puedan ocurrir.

- *Ajustar la estrategia de negocio:* La información obtenida a través del espionaje industrial puede ser utilizada para ajustar la estrategia de negocio de una empresa y así mantenerse competitiva y con la delantera en el mercado.

Conocer estrategias de marketing

Conocer las estrategias de marketing de la competencia es otra forma en la que el espionaje industrial puede ser utilizado. Al obtener información sobre cómo la competencia está comercializando sus productos o servicios, una empresa puede ajustar sus propias estrategias para ser más competitivas. La información obtenida puede incluir detalles sobre campañas publicitarias, promociones, precios y canales de distribución utilizados por la competencia. Esta información puede ser valiosa para una empresa, pues le permite identificar nuevas oportunidades y ajustar y mejorar sus propias estrategias de marketing.

Conocer información de investigación y desarrollo

El espionaje industrial puede ser utilizado para obtener información sobre investigación y desarrollo de la competencia. Esto puede incluir detalles sobre nuevos productos o tecnologías que están siendo desarrollados, así como detalles de procesos utilizados para crearlos. Al obtener esta información, una empresa puede tener una ventaja al desarrollar sus propios productos o tecnologías y a estar mejor posicionada para competir en un mercado de alta calidad.

Conocer planes de producción

El espionaje industrial también puede involucrar la obtención de información sobre los planes de producción de la competencia, incluyendo la adquisición de materiales, la capacidad de producción, los procesos de fabricación, la logística y la distribución. Esta información puede ayudar a una empresa a mejorar sus propias operaciones y a competir de manera más efectiva en el mercado.

Conocer información financiera

Obtener información financiera puede ser otro objetivo del espionaje industrial. A través de él, las empresas pueden acceder a información confidencial, como estados financieros, presupuestos, planes de inversión, precios, entre otros. Conocer esta información puede permitir a una empresa competidora obtener una amplia ventaja competitiva, ya sea para mejorar su propia posición financiera o para utilizarla como herramienta de negociación en futuras transacciones comerciales.

Obtener el secreto industrial

Es una de las principales finalidades del espionaje industrial. Esto se refiere a la obtención de información exclusiva y confidencial de una empresa que le otorga una ventaja competitiva sobre sus rivales. La información puede ser de diversos tipos, como fórmulas, diseños, planes de negocio, estrategias de marketing, información financiera, entre otros.

Esta fase requiere una alta precisión y planificación, ya que cualquier error podría ser fatal para el éxito de la misión de ese espionaje especifico. Las acciones que se tomen deben estar basadas en una evaluación cuidadosa de los riesgos y beneficios, teniendo en cuenta las posibles repercusiones legales, económicas y reputacionales.

Es común que en esta fase se utilicen técnicas de contrainteligencia para evitar ser detectados por los competidores, así como también para evitar sanciones legales por parte de las autoridades correspondientes.

Estas son algunas técnicas utilizadas por los espías:

- *Mantener un bajo perfil:* los espías pueden hacerse pasar por personas comunes y corrientes y evitar cualquier comportamiento sospechoso que pueda llamar la atención.

- *Utilizar la tecnología:* los espías pueden utilizar tecnologías avanzadas para evitar ser detectados, como dispositivos de camuflaje o sistemas de encriptación de datos.

- *Establecer una red de contactos:* los espías pueden establecer una red de contactos y de fuentes humanas para obtener información de manera discreta y evitar ser detectados.

- *Utilizar falsificaciones:* los espías pueden utilizar documentos y credenciales falsas para acceder a la información que buscan.

- *Sobornar o extorsionar a empleados:* los espías pueden sobornar o extorsionar a empleados para obtener información confidencial.

- *No llamar la atención:* Los espías pueden intentar pasar desapercibidos y no hacer nada que llame la atención, como vestirse de forma discreta o evitar comportamientos sospechosos, la experiencia los hace actuar con naturalidad.

- *Evitar la detección electrónica:* Los espías pueden utilizar dispositivos para evitar ser detectados por cámaras o sistemas de seguridad electrónicos, como bloqueadores de señal o detectores de cámaras ocultas.

- *Uso de identidades falsas:* Los espías pueden utilizar identidades falsas, como documentos de identidad o tarjetas de crédito, para evitar ser rastreados o identificados.

- *Utilizar técnicas de evasión:* Los espías pueden utilizar técnicas de evasión, como cambiar de dirección o utilizar 3 disfraces en un mismo trayecto y usar diferentes medios de transporte cuidando el descenso de cada uno de ellos para evitar ser seguidos o rastreados.

- *Evitar dejar huellas digitales:* Los espías saben borrar sus huellas digitales o de navegación, utilizan computadoras y dispositivos anónimos con conexiones mediante VPN en otros países, además de borrar los log o rastros digitales después de realizar una investigación o ataque.

- *Disfrazarse:* los espías pueden disfrazarse para no llamar la atención, por ejemplo, pueden usar uniformes de empleados de la empresa o vestimenta que no llame la atención.

- *Fingir una identidad falsa:* los espías pueden presentarse como empleados de otra empresa o como clientes potenciales para obtener información.

- *Acceder a la empresa como contratista o proveedor:* los espías pueden hacerse pasar por proveedores o contratistas para acceder a la empresa y obtener información.

- *Utilizar tecnología avanzada:* los espías pueden utilizar tecnología avanzada como cámaras ocultas, micrófonos y dispositivos de grabación de altísima calidad para recopilar información.

- *Utilizar el correo electrónico o las redes sociales para obtener información:* los espías pueden utilizar el correo electrónico o las redes sociales para obtener información, hacer phishing y obtener credenciales de acceso.

En definitiva, la fase de acción es el momento en el que se materializan los esfuerzos previos de recolección y análisis de información, y es la que determinará el éxito o fracaso de la operación de espionaje industrial. Estas fases no siempre ocurren en un orden lineal y los espías pueden volver a cualquiera de estas fases en cualquier momento para obtener más información.

Capítulo 5

Técnicas de espionaje industrial

Como es conocido, el espionaje industrial se refiere a la práctica de obtener información confidencial o secreta de una empresa o competidor para obtener una ventaja significativa en el mercado. Esta práctica ha existido desde hace siglos, pero con los avances tecnológicos y la globalización de los mercados, se ha vuelto más común, sofisticada y de bajo perfil.

Las técnicas utilizadas en el espionaje industrial pueden ser muy diversas, desde el uso de dispositivos de espionaje físico hasta el análisis de datos y el hacking. Según el informe de KPMG sobre la encuesta global de fraude en 2020, el 29% de las empresas encuestadas informaron de incidentes de espionaje y robo de información en los últimos dos años.

Entre las técnicas más comunes utilizadas por los espías industriales se encuentran el robo de documentos, la interceptación de comunicaciones, el análisis de información disponible públicamente, la infiltración de empleados y el uso de dispositivos de espionaje. Estos métodos pueden ser empleados de manera individual o en combinación para maximizar la efectividad de la operación de espionaje.

Un ejemplo de uso de estas técnicas es el caso de la empresa tecnológica Huawei, acusada por el gobierno de los Estados Unidos de espionaje industrial y fraude en relación con el robo de secretos comerciales de su competidor T-Mobile. Según la acusación, un empleado de Huawei infiltró la sede de T-Mobile para robar información sobre su tecnología de pruebas de robos de teléfonos móviles.

Para protegerse contra el espionaje industrial, las empresas deben ser conscientes de las técnicas utilizadas por los espías y tomar medidas preventivas, como la implementación de políticas de seguridad de la información, la formación del personal en la identificación de riesgos de seguridad, y la utilización de herramientas de detección de intrusiones.

En conclusión, el espionaje industrial es una realidad que enfrentan las empresas en el mundo de los negocios y que puede tener graves consecuencias en términos de pérdida de ventaja competitiva y daño al buen nombre. Es importante que las empresas tomen medidas preventivas para proteger sus activos más valiosos y estar alerta a las amenazas potenciales del espionaje industrial.

Algunas de las técnicas más comunes utilizadas en el espionaje industrial incluyen:

Ingeniería social

Es una técnica que se centra en la manipulación para obtener información confidencial, acceso a sistemas de información o accesos físicos. Esta técnica se basa en la habilidad de los atacantes para obtener la confianza de las víctimas mediante el uso de la persuasión, el engaño o la intimidación.

La ingeniería social puede tener lugar en cualquier forma de comunicación, ya sea cara a cara, por teléfono, correo electrónico o redes sociales. Los atacantes pueden hacerse pasar por alguien que no son, como un empleado de la empresa o un cliente, con el único fin de obtener información confidencial o acceso a sistemas informáticos.

Algunos ejemplos de ingeniería social incluyen el phishing, que se refiere a la técnica de enviar correos electrónicos o mensajes de texto engañosos que parecen legítimos para obtener información confidencial, y la suplantación de identidad, en la que los atacantes se hacen pasar por alguien que no son para obtener información o acceso a sistemas.

Para evitar caer en la ingeniería social, es importante que los empleados estén informados sobre las técnicas de manipulación psicológica y estén capacitados para identificar señales de alerta, como solicitudes inusuales de información o comportamientos sospechosos.

También es importante tener políticas claras y protocolos de seguridad en el lugar para proteger la información y el acceso a los sistemas.

Hacking

El hacking es una técnica de espionaje industrial que consiste en la penetración de sistemas informáticos o redes para obtener información confidencial de una empresa o competidor. Los hackers utilizan diversas técnicas para penetrar en los sistemas, como el phishing, el malware, el keylogging, la explotación de vulnerabilidades, entre otros.

Una vez que han penetrado en el sistema, los hackers pueden obtener información como planes de negocio, estrategias de marketing, planes de producción, información financiera, entre otros. La información obtenida puede ser utilizada para obtener ventaja competitiva o para venderla a la competencia.

Es importante que las empresas adopten medidas de seguridad adecuadas para proteger sus sistemas y redes de posibles ataques de hackers y contar con protocolos de respuesta ante posibles incidentes de seguridad informática.

Vigilancia

Esto implica el monitoreo y seguimiento de actividades, comunicaciones y otros aspectos de la empresa objetivo. La vigilancia puede llevarse a cabo a través de medios físicos, como la observación directa o el uso de cámaras de seguridad, o a través de medios electrónicos, como el monitoreo de comunicaciones telefónicas y de correo electrónico. En algunos casos, los espías pueden incluso utilizar dispositivos de rastreo GPS para rastrear la ubicación de vehículos o dispositivos móviles utilizados por los empleados de la empresa objetivo. Todo esto con el fin de recopilar información y obtener la ventaja competitiva que buscan.

Interceptación de comunicaciones

Consiste en acceder y monitorear las comunicaciones de una empresa o individuo. Esto puede incluir la escucha de conversaciones telefónicas, el acceso a correos electrónicos o mensajes de texto, y la monitorización de la actividad en línea.

Esta técnica es ilegal en muchos países, pero aun así es utilizada por algunos espías industriales que buscan obtener información confidencial de una empresa. La interceptación de comunicaciones puede llevarse a cabo de diversas formas, incluyendo la instalación de software espía en dispositivos electrónicos, la realización de escuchas telefónicas sin autorización, o la obtención de contraseñas o claves de acceso para acceder a sistemas informáticos.

Las empresas deben tomar medidas de seguridad para evitar la interceptación de comunicaciones, incluyendo el cifrado de datos sensibles y la capacitación de los empleados en la prevención del espionaje industrial. Además, es fundamental que se informe a las autoridades competentes si se sospecha de una posible interceptación de comunicaciones por parte de espías industriales.

Acceso no autorizado

Se refiere al ingreso a sistemas o dispositivos sin la autorización correspondiente. Esto puede lograrse mediante el uso de técnicas de hacking para vulnerar las medidas de seguridad y obtener acceso ilegal. Los espías industriales pueden utilizar esta técnica para acceder a sistemas y bases de datos de una empresa y obtener información confidencial.

Entre las técnicas de acceso no autorizado se incluyen el uso de contraseñas débiles, la explotación de vulnerabilidades en sistemas y aplicaciones, el robo de credenciales de acceso y la suplantación de identidad. Es importante que las empresas implementen medidas de seguridad efectivas para prevenir el acceso no autorizado, como la autenticación multifactorial, la encriptación de datos y la vigilancia constante de la red para detectar actividades sospechosas.

Espionaje en línea

Implica la vigilancia y recopilación de información de una empresa a través de su presencia en línea, incluyendo su sitio web, redes sociales y otros canales en línea. Los espías pueden utilizar herramientas de scraping para recopilar información de sitios web, o enviar correos electrónicos de phishing para obtener acceso a cuentas de correo electrónico y otros sistemas en línea. También pueden utilizar técnicas de hacking para obtener acceso a sistemas y bases de datos en línea.

Por ejemplo, un espía puede utilizar técnicas de ingeniería social para obtener las credenciales de inicio de sesión de un empleado de la empresa objetivo. Luego, pueden utilizar estas credenciales para acceder a los sistemas y bases de datos en línea de la empresa, desde donde pueden recopilar información valiosa y confidencial.

Las medidas que debes tomar con el fin de prevenir el espionaje mediante redes informáticas, debe incluir contraseñas seguras, la autenticación en dos factores, el monitoreo de la actividad "en línea" en los servidores corporativos de la empresa y el entrenamiento a los empleados para que hagan un uso inteligente de la red conociendo la existencia de posibles ataques como el phishing y otras técnicas de espionaje.

Búsqueda de basura

También conocida como "dumpster diving" se refiere a la práctica de buscar información valiosa en la basura de una organización. Los espías pueden buscar documentos, notas, discos duros u otros dispositivos de almacenamiento que hayan sido desechados incorrectamente o que no hayan sido destruidos adecuadamente.

Esta técnica es especialmente efectiva en empresas que no tienen una política de destrucción segura de documentos o que no cuentan con medidas de seguridad adecuadas en la eliminación de la información confidencial.

La búsqueda de basura puede ser ilegal en algunos países, especialmente si se utiliza para obtener información confidencial de forma fraudulenta. Por lo tanto, es importante que las organizaciones tomen medidas para proteger su información, incluyendo la destrucción segura de documentos y dispositivos de almacenamiento.

Espionaje a través de empleados de la empresa

Se refiere a la práctica de obtener información confidencial de una empresa a través de un empleado que trabaja allí. Esto puede incluir persuadir o sobornar a un empleado para que revele y proporcione información, inclusive, infiltrar a un espía en la empresa para obtener lo que se requiere o que reclutar muchas personas que proporcionen cada una parte de información que necesita el espía industrial.

Empleados de cobertura: son aquellos que trabajan para una empresa como una tapadera para obtener información confidencial de otra empresa. Estos empleados pueden ser contratados directamente o ser agentes externos que se hacen pasar por empleados.

Por ejemplo, un agente de una empresa de espionaje industrial podría hacerse pasar por un empleado de una empresa objetivo para obtener información confidencial, como planes de negocio o estrategias de marketing. (2)

Sobornos

Consiste en ofrecer o aceptar dinero u otro tipo de beneficios para obtener información confidencial o secreta de una empresa competidora. Esta técnica puede ser utilizada por un espía interno o externo.

Por ejemplo, un empleado de una empresa puede aceptar un soborno para proporcionar información confidencial sobre los planes de la empresa o la tecnología que está desarrollando. Un competidor puede también sobornar a un empleado para obtener acceso a información privilegiada.

Análisis de basura electrónica

Implica examinar la basura de una organización en busca de información valiosa. Esta técnica se basa en la premisa de que las empresas a menudo desechan documentos y dispositivos electrónicos que contienen información confidencial o importante.

Entre los tipos de información que pueden encontrarse mediante el análisis de basura electrónica se encuentran informes financieros, planes de negocios, contratos, correos electrónicos y otros documentos importantes. Para llevar a cabo esta técnica, los espías industriales suelen buscar la basura de una empresa, ya sea directamente en sus instalaciones o en vertederos.

Esta técnica es considerada ilegal en muchos países, ya que se considera un delito de hurto o robo de propiedad privada. Sin embargo, en algunos países, el análisis de basura electrónica se considera legal si se lleva a cabo en espacios públicos.

Hacking de contraseñas

Es una técnica utilizada por los espías industriales para obtener acceso no autorizado a sistemas informáticos de empresas, con el objetivo de robar información o mantener los accesos para futuras incursiones. Esta técnica puede ser llevada a cabo por medio de técnicas de ingeniería social, mediante la explotación de vulnerabilidades de seguridad, o por medio de software malicioso diseñado para robar contraseñas.

De acuerdo con el libro "Espionaje Industrial: Amenaza latente" de Salvador Alsius, el hackeo de contraseñas es una de las técnicas más utilizadas por los espías industriales para acceder a información confidencial de empresas competidoras. Esta técnica puede ser llevada a cabo mediante el uso de herramientas de hacking disponibles en línea, como programas de fuerza bruta que intentan adivinar contraseñas mediante la prueba de múltiples combinaciones. Los espías también pueden utilizar técnicas de phishing para engañar a los empleados de la empresa objetivo y obtener sus credenciales o contraseñas.(3)

Microespionaje

Consiste en la utilización de dispositivos electrónicos para recolectar información de una empresa. Estos dispositivos pueden ser micrófonos ocultos, cámaras espía, dispositivos de seguimiento GPS, entre otros. El objetivo es obtener información valiosa sobre los planes y operaciones de la empresa, así como información financiera, de investigación y desarrollo y de propiedad intelectual.

El microespionaje puede ser realizado por individuos que son contratados por empresas competidoras, o por empleados desleales de la propia empresa que buscan lucrarse vendiendo información a terceros. Para evitar el microespionaje, las empresas pueden implementar medidas de seguridad física y electrónica, como la realización de inspecciones periódicas en las instalaciones, el cifrado de la información y la protección de los sistemas informáticos.(4)

Fraude de identidad

Implica el uso de información falsa o robada para obtener acceso a información o recursos de una empresa. Esto puede incluir el uso de nombres falsos, direcciones de correo electrónico y números de teléfono para hacerse pasar por alguien que tiene acceso legítimo a la información o los recursos.

Los delincuentes también pueden utilizar técnicas de phishing, como correos electrónicos o mensajes de texto falsificados, para engañar a los empleados de una empresa y obtener información de inicio de sesión o credenciales de acceso. Con esta información, los atacantes pueden acceder a sistemas y datos confidenciales de la empresa.

Una forma de prevenir el fraude de identidad es mediante la implementación de medidas de seguridad, como la autenticación multifactorial y la capacitación regular de los empleados en la identificación de correos electrónicos y mensajes de texto fraudulentos.

Estas técnicas pueden variar según el tipo de industria y el tamaño de la empresa objetivo. Además, muchas empresas han implementado medidas de seguridad para evitar el espionaje industrial, lo que puede dificultar la tarea de los espías.

Capítulo 6

Estrategias de espionaje industrial

El espionaje industrial se ha convertido en una práctica cada vez más común en los negocios a nivel mundial, lo que ha llevado a las empresas a tomar medidas de seguridad cada vez más rigurosas para proteger su propiedad intelectual y secretos comerciales. En este sentido, existen diferentes técnicas y estrategias que los espías industriales pueden utilizar para obtener información sus competidores, incluyendo la ingeniería social, la interceptación de comunicaciones, el acceso no autorizado, el hackeo de contraseñas, la búsqueda de basura y el microespionaje, entre otros como lo mencionamos en el capítulo anterior.

Para entender mejor estas técnicas, es necesario conocer los riesgos que representan para las empresas y cómo se pueden prevenir. Por lo tanto, es importante que las empresas tomen medidas de seguridad efectivas, como la formación del personal en la gestión de la información y la seguridad informática, el uso de contraseñas fuertes y el cifrado de datos sensibles.

Las estrategias de espionaje industrial también pueden ser utilizadas para identificar oportunidades de negocio y obtener información valiosa sobre las tendencias del mercado. Por lo tanto, es esencial que las empresas estén al tanto de estas técnicas y de las medidas de seguridad necesarias para proteger sus activos.

Una vez establecido el contexto y la relevancia del tema del espionaje industrial en la actualidad, es importante profundizar en las estrategias que utilizan los agentes del espionaje para obtener información confidencial de una empresa. Estas estrategias pueden variar desde métodos de vigilancia hasta la obtención de contraseñas y acceso no autorizado a sistemas informáticos. A continuación, se presentarán algunas de las estrategias más comunes utilizadas en el espionaje industrial, basadas en investigaciones y experiencias documentadas en la literatura especializada.

Identificación de objetivos

La identificación de objetivos es una de las principales estrategias en el espionaje industrial. Esta técnica implica el análisis detallado de la empresa o industria objetivo, para determinar qué tipo de información es de mayor interés y valor para el espía. Una vez identificado el objetivo, el espía puede enfocar sus esfuerzos en la recopilación de información específica que pueda ser utilizada para mejorar la posición competitiva de su propia empresa.

Esta estrategia se basa en la comprensión de que no toda la información es igualmente valiosa o útil para todas las empresas. Por ejemplo, una empresa de tecnología podría estar interesada en conocer los planes de investigación y desarrollo de su competencia, mientras que una empresa de fabricación de alimentos podría estar más interesada en conocer los secretos de las recetas de sus competidores.

Por lo tanto, la identificación cuidadosa de los objetivos es esencial para el éxito en el espionaje industrial.

Selección de tácticas

Es una parte crucial del proceso de espionaje industrial, ya que determina cómo se llevarán a cabo las acciones para alcanzar los objetivos establecidos. Esta elección dependerá de una serie de factores, como el acceso a la información, la disponibilidad de recursos, las habilidades técnicas del espía y el nivel de seguridad de la organización objetivo.

Entre las tácticas más comunes se encuentran la ingeniería social, la vigilancia, el hacking, la búsqueda de basura y el uso de empleados de cobertura. Cada una de estas técnicas tiene sus pros y sus contras, la elección de cual utilizar, dependerá del contexto o situación en el que se esté desarrollando una actividad de espionaje.

Evaluación de riesgos

Es una estrategia fundamental dentro del espionaje industrial, ya que permite identificar los posibles peligros que puedan surgir al llevar a cabo determinadas acciones. En este sentido, es importante tener en cuenta que cualquier actividad de espionaje industrial implica ciertos riesgos, tanto para el espía como para la empresa objeto del espionaje.

Para realizar una adecuada evaluación de riesgos, es necesario tener en cuenta factores como la importancia y el valor de la información que se pretende obtener, la dificultad para acceder a dicha información, la probabilidad de ser detectado, así como las posibles consecuencias legales y económicas en caso de ser descubierto.

Aunque el espionaje industrial puede ser una actividad ilegal y perjudicial para las empresas, también puede ser utilizado como una herramienta de protección de la propia empresa. Por ejemplo, mediante la evaluación de riesgos, una empresa puede identificar las posibles vulnerabilidades en su seguridad y tomar medidas para prevenirlas y protegerse frente a posibles ataques.

Crear empresas falsas

Es una estrategia común en el espionaje industrial. Consiste en crear una empresa ficticia que se presenta como competidora en el mercado y se acerca a la empresa objetivo para recopilar información.

Puede utilizarse en varios contextos. Por ejemplo, una compañía puede crear una empresa falsa para espiar a un competidor y obtener información sobre sus planes de negocios y estrategias. Alternativamente, una sociedad podría crear una empresa falsa para acercarse a un proveedor potencial y obtener información sobre sus procesos y precios.

Para llevar a cabo esta estrategia, los espías industriales crean una empresa ficticia con una identidad creíble y una presencia en línea. Luego, utilizan técnicas de ingeniería social para establecer contactos con la empresa objetivo y obtener información valiosa. Pueden presentarse como potenciales socios o clientes, o incluso como periodistas que buscan escribir una historia sobre la empresa objetivo.

Crear alianzas comerciales

Otra estrategia que pueden utilizar los espías es establecer alianzas comerciales con la empresa objetivo. Esto les permite tener acceso a información confidencial, en algunos casos, incluso, pueden llegar a tener cierto grado de control sobre la empresa objetivo.

Adquisición hostil

Es una estrategia de espionaje industrial que implica la compra o adquisición de una empresa objetivo sin el consentimiento o conocimiento de la junta directiva de dicha empresa. Esta técnica puede ser utilizada por una compañía para obtener acceso a información valiosa, tecnología o propiedad intelectual que de otra manera no estaría disponible para ellos.

Sin embargo, la adquisición hostil también puede tener implicaciones legales y éticas. Algunas jurisdicciones tienen leyes que prohíben o regulan las adquisiciones hostiles, y puede haber consecuencias financieras y de reputación para la empresa que las lleva a cabo.(5)

Infiltración

Es una estrategia de espionaje industrial en la que se inserta a una persona en una organización para obtener información. Esto puede ser llevado a cabo mediante la contratación de un empleado o mediante la colocación de un agente encubierto en la organización.

Los agentes encubiertos son entrenados para pasar desapercibidos y pueden incluso subir en la jerarquía de la organización para obtener acceso a información más sensible. Esta estrategia es especialmente útil para obtener información sobre proyectos de investigación y desarrollo, planes de marketing y estrategias de negocios.

La infiltración puede ser peligrosa y costosa, ya que se requiere una cuidadosa planificación y ejecución para evitar ser descubierto y expuesto.

Utilización de intermediarios

Es una estrategia que consiste en contratar a una tercera empresa, como una empresa de investigación de mercado, para recopilar información confidencial de la competencia. De esta manera, el espía industrial puede mantener una cierta distancia y anonimato, evitando ser descubierto por la empresa objetivo.

Esta estrategia también puede ser peligrosa, ya que la empresa contratista podría no tener las habilidades necesarias para recopilar la información de manera efectiva o podría ser descubierta por la empresa objetivo, lo que podría llevar a consecuencias legales y daños a la reputación.

Es importante mencionar que la utilización de intermediarios también puede incluir el uso de agentes encubiertos o dobles agentes, que son personas que se hacen pasar por empleados de la empresa objetivo para obtener información confidencial.

Aprovechar debilidades en la seguridad

Es una de las estrategias más utilizadas en el espionaje industrial. Esta técnica implica identificar los puntos débiles en los sistemas de seguridad de la empresa objetivo y explotarlos para obtener acceso a información confidencial. Esto puede incluir la explotación de vulnerabilidades de software, la obtención de contraseñas débiles o el acceso a redes no seguras.

Las empresas pueden minimizar el riesgo de esta técnica de espionaje industrial asegurándose de que sus sistemas de seguridad sean actualizados y robustos. Esto incluye la implementación de contraseñas fuertes, la encriptación de datos y el uso de soluciones de seguridad informática actualizadas.

Reclutamiento de empleados

Es otra estrategia calificada dentro de las más comunes, los espías pueden buscar activamente empleados que trabajen para empresas objetivo y tratar de reclutarlos para que proporcionen información confidencial. A veces, los espías pueden hacerse pasar por reclutadores de empresas rivales o pueden utilizar empleados corruptos de la empresa objetivo para actuar como intermediarios en la obtención de información.

Esta estrategia se aprovecha de la vulnerabilidad de los empleados y puede ser muy efectiva si se logra establecer una relación de confianza con ellos. Sin embargo, también puede ser peligrosa, ya que los empleados pueden ser descubiertos y enfrentar consecuencias legales y profesionales graves.

Es importante que las empresas protejan a sus empleados de posibles intentos de reclutamiento mediante la educación y el entrenamiento en seguridad, la implementación de políticas y procedimientos seguros y el monitoreo activo de las actividades sospechosas.

Interceptar comunicaciones

Es una técnica de espionaje industrial que consiste en obtener información confidencial que se transmite por medios electrónicos, tales como el correo electrónico, las llamadas telefónicas, los mensajes de texto, entre otros, como quedó explicado en el capítulo anterior. Esta técnica puede ser utilizada por los espías industriales para obtener información sobre los planes de negocios, productos y servicios de la competencia, entre otros aspectos que pueden ser utilizados en beneficio de la empresa que contrató al espía.

Entre los equipos disponibles para interceptar comunicaciones se encuentran los escáneres de radiofrecuencia, los grabadores de audio y video, los dispositivos de escucha, los softwares de monitoreo, entre otros. Estos equipos pueden ser utilizados para obtener información de manera encubierta, sin que la persona que está siendo espiada se percate de ello.

Por ejemplo, un espía industrial puede utilizar un escáner de radiofrecuencia para interceptar las señales de radio que se emiten desde los equipos de comunicación móviles del tipo "Receptor de Comunicaciones Interceptor Advanced TS9837" y así obtener información de las comunicaciones de equipos de seguridad física y mantenimiento, adicional, pueden contar con un interceptor de llamadas telefónicas y mensajes de texto del tipo IMSI Katcher 4G TS9732. Son equipos muy costosos, pero para grandes corporaciones no representa problema obtenerlos. También puede utilizar dispositivos de escucha a distancia, como micrófonos direccionales o micrófonos laser, diseñados para captar las vibraciones de los cristales y saber que sonidos hay o que se charla detrás de una ventana, en sus más recientes modelos se encuentran Micrófono Láser Shogun 2023 TS9926 y Micrófono Láser TS9117, sin mencionar otros métodos igual de costosos pero efectivos.(6)

Sobornar empleados

Implica ofrecer dinero u otros incentivos a empleados de una empresa con el fin de obtener información confidencial o acceso a áreas restringidas. Los espías pueden intentar sobornar a empleados de cualquier nivel, desde los trabajadores de la línea de producción hasta los ejecutivos de alto nivel.

Esta técnica puede ser muy efectiva ya que los empleados a menudo tienen acceso a información sensible y pueden ser persuadidos por la promesa de un beneficio financiero o personal. Sin embargo, también puede ser peligrosa y arriesgada, ya que, si los empleados son descubiertos aceptando sobornos, pueden enfrentar consecuencias legales y pérdida de empleo.

Para evitar este tipo de espionaje, las empresas pueden establecer políticas y procedimientos claros para la aceptación de regalos y otros incentivos, educar a sus empleados sobre los riesgos y consecuencias del soborno. También pueden monitorear las transacciones financieras de sus empleados y realizar verificaciones de antecedentes y controles de seguridad.

Hacking

Es una técnica comúnmente utilizada en el espionaje industrial, ya que permite a los atacantes obtener acceso a información confidencial y valiosa de la empresa objetivo. Como lo mencioné en capitulo anterior, esta técnica se lleva a cabo mediante la explotación de vulnerabilidades en los sistemas informáticos de la empresa, lo que puede permitir a los atacantes acceder a sistemas de correo electrónico, bases de datos, sistemas de gestión de archivos, entre otros.

Los ataques de hacking pueden ser llevados a cabo de diversas maneras, como la utilización de software malicioso (malware) o la ingeniería social para engañar a los empleados y obtener acceso a los sistemas. En algunos casos, los hackers pueden incluso utilizar técnicas de fuerza bruta para adivinar contraseñas y acceder a los sistemas.

Entre los equipos disponibles para llevar a cabo este tipo de ataques se encuentran programas de hacking, tales como Metasploit, Nmap, Wireshark, entre otros. Además, también existen empresas especializadas en la realización de pruebas de penetración y hacking ético, que pueden ser contratadas por empresas para evaluar la seguridad de sus sistemas y detectar posibles vulnerabilidades.

Cabe destacar, que el hackeo como tal no lo hacen los softwares, es la habilidad del hacker o atacante para mezclar las habilidades, conocimiento y programas informáticos.

Observación y seguimiento

Implica la vigilancia física de un objetivo con el fin de obtener información valiosa. Esto puede implicar el seguimiento de empleados clave, la observación de la producción de un competidor o la vigilancia de una ubicación importante.

Esta técnica puede realizarse de forma encubierta o abierta, dependiendo de los objetivos y la situación. Puede ser llevada a cabo por un individuo o por un equipo, y puede implicar la toma de fotografías, videos, grabaciones de audio y notas escritas.

Algunos equipos que se utilizan para la observación y seguimiento incluyen cámaras ocultas, dispositivos de escucha, binoculares y drones. Además, los investigadores pueden utilizar herramientas de inteligencia geoespacial para rastrear la ubicación y los movimientos de un objetivo.

Engaño

Involucra la manipulación deliberada de información o situaciones para obtener ventaja. Esta técnica puede ser utilizada en una variedad de situaciones, desde persuadir a un empleado a revelar información confidencial hasta presentar información falsa a un competidor para inducir una acción desfavorable.

Un ejemplo de engaño en el contexto de espionaje industrial sería la creación de una empresa ficticia para obtener información confidencial de un competidor. Esta empresa podría hacerse pasar por un cliente interesado en hacer negocios, o incluso por una empresa de consultoría que pretende ofrecer servicios de asesoramiento.

También puede ser utilizado para confundir a un competidor acerca de las intenciones de una empresa. Por ejemplo, una empresa podría presentar información falsa acerca de sus planes de negocio para inducir a un competidor a tomar medidas que le beneficien, mientras la empresa en cuestión mantiene sus verdaderas intenciones en secreto.

Para llevar a cabo el engaño, se pueden utilizar diversas técnicas de persuasión, como la manipulación emocional, la promesa de beneficios, la persuasión racional y la amenaza de consecuencias negativas. También puede ser utilizado en combinación con otras técnicas de espionaje industrial, como la ingeniería social y el hacking.(7)

Capítulo 7

Casos de estudio

Los casos de estudio son una herramienta muy valiosa para entender mejor cómo funciona el espionaje industrial en la vida real. A través de estos casos, se pueden examinar las tácticas y estrategias utilizadas por los espías industriales, así como las consecuencias de sus acciones. En este capítulo se presentarán varios casos que ilustran algunos de los métodos de espionaje industrial que se han utilizado en el pasado. Cada caso proporcionará un análisis de las tácticas utilizadas y los resultados obtenidos, así como una discusión sobre las lecciones aprendidas y las medidas de seguridad recomendadas para evitar futuros casos de espionaje industrial.

Ejemplos de casos de espionaje industrial exitosos y fallidos, y las técnicas y estrategias utilizadas

Casos de estudio exitosos:

Apple

El caso Apple es uno de los más conocidos y comentados en la historia del espionaje industrial. En el año 2018, un exempleado de la compañía llamado Xiaolang Zhang fue acusado de robar secretos comerciales relacionados con el proyecto de vehículos autónomos de Apple y tratar de llevárselos a la empresa china Xiaopeng Motors.

Según los informes, Zhang había estado trabajando en el proyecto de vehículos autónomos de Apple como ingeniero de hardware y había solicitado una baja por enfermedad en mayo de 2018. Sin embargo, en lugar de regresar al trabajo después de su recuperación, renunció a su trabajo y compró un boleto de avión a China.

Poco después de la salida de Zhang, la compañía descubrió que había transferido una gran cantidad de archivos confidenciales de los servidores de Apple a su computadora personal. Los archivos robados incluían información sobre el diseño de circuitos integrados para el proyecto de vehículos autónomos de Apple, así como detalles sobre el software y hardware utilizados en el proyecto.

Después de su llegada a China, Zhang fue detenido en el aeropuerto de San José en California y posteriormente acusado de robo de secretos comerciales. En su defensa, Zhang argumentó que estaba tratando de construir una nueva vida en China y que no tenía la intención de compartir los secretos comerciales de Apple con nadie más.

Este caso es un ejemplo de cómo incluso los empleados más confiables pueden representar una amenaza para la seguridad de la información de una empresa. Para prevenir futuros incidentes, Apple ha implementado medidas de seguridad más estrictas, incluyendo la monitorización de empleados que tienen acceso a información confidencial, la restricción del acceso a dicha información, y la revisión constante de los registros de acceso a los servidores de la compañía.

Apple 2

El caso de estudio de Apple del 2011 fue un ejemplo de espionaje industrial en el que se filtraron secretos comerciales a los competidores de la empresa. En 2011, un empleado de Apple llamado Paul Devine fue acusado de filtrar secretos comerciales de la empresa a proveedores y competidores. Devine fue acusado de recibir pagos de proveedores de Apple a cambio de información confidencial sobre futuros productos y planes de la empresa.

Según las investigaciones, Devine habría recibido más de un millón de dólares en sobornos de proveedores de Apple en Asia a cambio de información confidencial sobre los planes de la compañía. También se descubrió que Devine había establecido una serie de cuentas bancarias en el extranjero para ocultar los sobornos.

La filtración de secretos comerciales de Apple fue un gran golpe para la empresa, que siempre ha mantenido un gran secretismo en torno a sus planes futuros y productos en desarrollo. Además, los secretos filtrados podrían haber dado a los competidores de Apple una ventaja en el mercado.

Para contrarrestar este tipo de espionaje industrial, Apple ha aumentado su seguridad interna y ha puesto en marcha programas de concienciación y formación para sus empleados. La empresa también ha establecido medidas para proteger mejor sus secretos comerciales, incluyendo la implementación de medidas de seguridad más estrictas en sus proveedores y la revisión de sus prácticas de contratación.(8)

Coca-Cola

El caso de espionaje industrial de Coca Cola ocurrió en 2006 cuando un empleado de la compañía, Joya Williams, robó información confidencial sobre productos nuevos y estrategias de marketing y la vendió a PepsiCo. Williams trabajaba como asistente administrativa en el departamento de Investigación y Desarrollo de Coca Cola en Atlanta y utilizó su posición para obtener acceso a información valiosa que luego vendió por más de 1,5 millones de dólares a su competidor.

Williams y sus cómplices en PepsiCo fueron descubiertos gracias a una operación encubierta del FBI que había estado monitoreando sus actividades durante varios meses. Williams fue condenada a prisión y Coca Cola tuvo que reevaluar sus políticas de seguridad y capacitación de empleados.

Este caso destaca la importancia de implementar medidas de seguridad adecuadas para proteger la información confidencial de una empresa, así como de realizar verificaciones de antecedentes y educación de los empleados sobre el riesgo del espionaje industrial. También destaca la necesidad de trabajar en estrecha colaboración con las autoridades para investigar y procesar a los delincuentes.

Boeing

El caso de Boeing es uno de los más famosos de espionaje industrial en la industria aeroespacial. En 1995, un ingeniero de la compañía llamado William "Bill" Wang fue arrestado por el FBI por intentar vender información confidencial de Boeing a una compañía estatal china.

Wang, quien había trabajado en el diseño del avión 767, robó miles de documentos confidenciales sobre la tecnología del avión y trató de vendérselos a la empresa China National Aero-Technology Import and Export Corporation (CATIC) por $ 3 millones de dólares. El FBI logró infiltrarse en la operación y arrestó a Wang en un hotel en California.

El caso fue un gran golpe para Boeing, ya que la tecnología del 767 era altamente valorada y se consideraba un activo importante para la compañía. Además, el caso levantó preocupaciones sobre la seguridad nacional y el riesgo de que información tecnológica confidencial pudiera terminar en manos de gobiernos extranjeros.

Boeing implementó medidas de seguridad adicionales después del caso, como la revisión y monitoreo de la actividad en línea de sus empleados y la implementación de protocolos de seguridad más estrictos para la transferencia de datos y la protección de información confidencial.

Este caso destaca la importancia de la seguridad de la información y las medidas de protección de la propiedad intelectual en la industria aeroespacial y otras industrias de alta tecnología.

Boeing

Uno de los casos más recientes y relevantes en el ámbito de espionaje industrial es el caso de espionaje cibernético a la compañía Boeing, que fue reportado en 2020. Según se informó, la compañía sufrió un ataque cibernético a través de la red interna de su contratista, que estaba vinculado con el Ministerio de Seguridad del Estado chino. Los ciberdelincuentes habrían obtenido información sobre los sistemas militares y comerciales de la compañía.

Este caso muestra cómo los ciberataques pueden ser utilizados para obtener información valiosa y confidencial de una empresa. Además, destaca la importancia de mantener una buena ciberseguridad para proteger la propiedad intelectual y los datos confidenciales de las empresas.

Boeing, por su parte, ha tomado medidas para reforzar su seguridad cibernética y proteger su propiedad intelectual. La compañía ha implementado nuevas medidas de seguridad y ha contratado a expertos en seguridad cibernética para protegerse contra futuros ataques.

Toyota

El caso de Toyota en el año 2006, fue un ejemplo de espionaje industrial que afectó a la empresa japonesa en su competitividad en el mercado automotriz. Un ingeniero de la empresa, Toshihiro Okamoto, fue acusado de robar y vender secretos comerciales a una empresa rival, identificada como Cognitex.

Okamoto fue arrestado y confesó haber robado información sobre sistemas híbridos de Toyota, lo que permitió a Cognitex fabricar piezas similares. Además, la investigación reveló que Okamoto había recibido pagos de la empresa rival en diversas cuentas bancarias.

Este caso puso en evidencia la importancia de que las empresas implementen medidas de seguridad adecuadas, tales como monitoreo y seguimiento de las cuentas bancarias de sus empleados, y verificaciones de antecedentes y relaciones comerciales con otras empresas.

Tesla

En 2018, un exempleado de Tesla llamado Martin Tripp fue acusado por la empresa de haber hackeado ilegalmente la base de datos de fabricación de la compañía y haber entregado información confidencial a terceros. Tripp, quien trabajó en la Gigafactory de Tesla en Nevada, había sido despedido de la empresa meses antes por presuntamente filtrar información a los medios de comunicación.

Tesla presentó una demanda contra Tripp, alegando que robó secretos comerciales de la compañía y los entregó a terceros, incluidos informes de calidad de productos, información sobre la producción de baterías y datos de precios.

En la demanda, Tesla afirmó que Tripp había "fabricado información falsa" y la había transmitido a los medios de comunicación con la intención de dañar la reputación de la compañía. Además, alegó que Tripp había eliminado software crítico y alterado los sistemas de fabricación sin autorización.

Posteriormente, Tesla fortaleció su seguridad interna y mejoró la protección de su propiedad intelectual. La compañía también implementó nuevas medidas de seguridad para controlar el acceso a la información confidencial y mejorar la detección de intentos de robo de propiedad intelectual.

Casos de estudio fallidos:

Intel

En 2018, un exempleado de Intel fue arrestado por robo de secretos comerciales después de haber sido encontrado con documentos confidenciales de la compañía. El exempleado había dejado Intel para unirse a una compañía rival.

Google

En 2009, un ingeniero de Google fue acusado de robo de secretos comerciales después de haber descargado información confidencial de la compañía y haber intentado venderla a un competidor. Google detectó la actividad sospechosa del ingeniero y colaboró con las autoridades para llevarlo ante la justicia.

Estos casos de estudio reflejan la importancia de implementar medidas efectivas de prevención del espionaje industrial para evitar daños irreparables a las empresas y proteger su propiedad intelectual.

Además, en algunos casos, la detección y prevención del espionaje industrial puede ser muy difícil, especialmente cuando se trata de empresas con operaciones internacionales y múltiples colaboradores. Sin embargo, es fundamental que las empresas tomen medidas de seguridad adecuadas y estén atentas a cualquier actividad sospechosa para proteger su propiedad intelectual y mantener su ventaja competitiva.

Capítulo 8

Características de los espías industriales

El espionaje industrial es una actividad que ha existido desde hace mucho tiempo y que se ha vuelto cada vez más sofisticada y difícil de detectar en la era digital. Las empresas de todo el mundo se ven amenazadas por el espionaje y deben tomar medidas para protegerse contra él. Para ello, es importante conocer las características de un espía industrial y cómo pueden ser detectados.

En este capítulo, se analizarán las características de un espía industrial, incluyendo sus motivaciones, habilidades y tácticas. Los espías industriales pueden ser empleados por competidores, gobiernos u otros actores que buscan obtener información confidencial de una empresa. El conocimiento de las motivaciones detrás de estas acciones puede ayudar a las empresas a identificar y prevenir el espionaje industrial.

Además, se discutirán las habilidades y tácticas que los espías industriales pueden utilizar para obtener información de una empresa. Desde el hacking hasta la ingeniería social y la búsqueda de basura, los espías industriales tienen una variedad de herramientas a su disposición para acceder a información confidencial. Al entender cómo operan los espías industriales, las empresas pueden tomar medidas para protegerse contra sus ataques.(9)

Rasgos de personalidad y características que pueden estar presentes en un espía industrial

- *Alta motivación por el éxito*: suelen estar altamente motivados por el éxito y la obtención de información confidencial para su propio beneficio o el de su empleador. Esta motivación puede llevarlos a tomar riesgos y emplear tácticas poco éticas para alcanzar sus objetivos.

Es un rasgo que puede presentar un espía industrial. Estos individuos suelen estar obsesionados con el éxito y la victoria a cualquier costo, y están dispuestos a hacer lo que sea necesario para alcanzar sus objetivos, incluso si esto implica actuar de manera poco ética o ilegal. Esta motivación extrema puede ser impulsada por la ambición personal, la presión de la competencia o la necesidad de obtener ganancias financieras.

Además, la alta motivación puede llevar a los espías industriales a ser muy perseverantes y resistentes ante el fracaso. Pueden estar dispuestos a intentarlo varias veces y a utilizar diferentes tácticas para lograr sus objetivos, incluso si se enfrentan a obstáculos significativos. Esta motivación también puede hacer que los espías industriales sean muy persuasivos en su trato con otros, lo que les permite ganar la confianza y la cooperación de las personas que buscan manipular.

En general, la alta motivación por el éxito puede ser una característica positiva para algunas personas en ciertas situaciones, pero en el contexto del espionaje industrial, puede llevar a comportamientos poco éticos y acciones ilegales. Es importante tener en cuenta que los espías industriales con esta motivación extrema a menudo carecen de una ética sólida y pueden ser propensos a justificar sus acciones inmorales como necesarias para lograr el éxito.

- *Habilidad para adaptarse*: necesitan tener habilidades para adaptarse a diferentes entornos, personalidades y situaciones. Deben ser capaces de actuar con rapidez y cambiar de estrategia en función de las circunstancias para no llamar la atención y cumplir con sus objetivos.

Un espía industrial tiene la habilidad para adaptarse a situaciones cambiantes. Este rasgo se relaciona con la capacidad de un individuo para ajustarse a nuevas circunstancias y responder de manera efectiva a ellas. Los espías a menudo deben ser capaces de adaptarse a nuevas empresas, tecnologías y estrategias, y deben ser capaces de cambiar de dirección rápidamente si sus planes iniciales se ven obstaculizados.

La habilidad para adaptarse también puede incluir la capacidad de aprender rápidamente y de utilizar la información adquirida para tomar decisiones informadas. Los espías industriales deben ser capaces de procesar información compleja y utilizarla para tomar decisiones rápidas y efectivas.

Es importante destacar que estos rasgos por sí solos no indican que una persona sea necesariamente un espía industrial. La mayoría de las personas que presentan estos rasgos no se involucran en actividades ilegales o deshonestas. Por lo tanto, cualquier sospecha de espionaje industrial debe ser evaluada cuidadosamente y tratada de manera apropiada.

- *Habilidad para manipular a los demás*: necesitan ser habilidosos en la manipulación de personas para obtener información confidencial. Pueden utilizar tácticas como la persuasión, la intimidación o el soborno para conseguir sus objetivos.

La habilidad para manipular a los demás es otra característica que puede presentar un espía industrial. Esta habilidad se relaciona con la capacidad del individuo para persuadir y convencer a otros para que hagan lo que él o ella desea, ya sea mediante el uso de argumentos lógicos o emocionales, o a través de la manipulación de la información. Los espías industriales pueden usar esta habilidad para obtener información confidencial de los empleados de la empresa objetivo, para obtener acceso a sistemas informáticos o para persuadir a otros para que realicen actividades ilícitas en nombre de la organización a la que pertenecen.

La habilidad para manipular a los demás no necesariamente implica una falta de ética o moralidad en el individuo. De hecho, muchos espías industriales pueden ser personas respetables y éticas en otros aspectos de sus vidas. Sin embargo, esta habilidad puede ser peligrosa en el contexto de la obtención de información confidencial y puede ser utilizada para fines ilegales o perjudiciales para la empresa objetivo.

- *Baja empatía:* pueden tener una baja empatía hacia las personas y organizaciones que están espiando, ya que pueden verlos simplemente como objetivos a cumplir. Esto puede llevarlos a tomar decisiones poco éticas y poner en peligro la seguridad de otros.

Esto se refiere a la falta de capacidad para comprender o compartir los sentimientos y perspectivas de los demás. Un espía industrial con baja empatía puede estar más dispuesto a dañar a otros o a su empresa en su búsqueda de información valiosa. Además, puede que no sienta remordimiento o culpa por sus acciones, lo que le permite continuar su comportamiento deshonesto sin preocuparse por las consecuencias emocionales para los demás.

- *Habilidad para mantener el secreto:* deben tener habilidades para mantener el secreto, ya que su trabajo se basa en la obtención y protección de información confidencial. Deben ser capaces de ocultar su verdadera identidad, así como los métodos y objetivos de sus actividades.

Es un rasgo fundamental en un espía industrial, ya que la naturaleza de su trabajo implica la obtención de información confidencial que no debe ser compartida con terceros. Los espías industriales deben ser capaces de guardar el secreto y asegurarse de que la información obtenida no sea divulgada a personas no autorizadas. Además, deben ser capaces de mantener su identidad encubierta y operar de manera discreta para evitar ser detectados.

Esta habilidad para mantener el secreto también está relacionada con la lealtad y el compromiso con la organización que los emplea. Un espía industrial debe ser leal a su empleador y estar comprometido con los objetivos de la organización, para evitar que su deseo de ganancias personales o de ventajas económicas lo lleven a traicionar la confianza de la empresa que lo contrató.

- *Falta de lealtad:* Un espía industrial puede ser desleal tanto a su empresa como a su país. Pueden estar dispuestos a traicionar a su empresa para obtener ganancias personales o venganza, o incluso a vender información clasificada a competidores extranjeros.

  La falta de lealtad también puede ser una característica presente en un espía industrial. Pueden estar motivados por una ganancia financiera o por el deseo de avanzar en su carrera, y esto puede hacer que sean desleales a sus empleadores actuales o anteriores. Esta falta de lealtad puede llevarlos a compartir información confidencial o propietaria con competidores u otras partes interesadas, lo que puede tener graves consecuencias para la empresa.

  Además, algunos espías industriales pueden sentir una falta de conexión emocional con la empresa que trabajan, lo que puede hacer que sea más fácil para ellos justificar la traición y la falta de lealtad. Esto puede estar relacionado con una falta de compromiso con los valores y la cultura de la empresa, o con un sentido de injusticia percibido por parte del espía industrial en relación con la empresa o sus superiores.

- *Avaricia:* A menudo, los espías industriales están motivados por la posibilidad de obtener beneficios financieros a corto plazo, lo que puede llevar a comportamientos avariciosos.

La avaricia es otro rasgo que puede presentar un espía industrial. Esto se debe a que el objetivo principal del espionaje industrial es obtener información valiosa, que puede ser utilizada para alcanzar ventajas competitivas en el mercado y aumentar las ganancias de la empresa. Un espía industrial avaricioso puede estar dispuesto a utilizar cualquier medio necesario para obtener la información que necesita, incluso si esto implica actuar en contra de su empleador actual o violar la ley.

Además, la avaricia puede ser un factor motivador para que un empleado de una empresa se convierta en un espía industrial. Si un empleado siente que no está siendo remunerado adecuadamente o que no está recibiendo el reconocimiento que merece por su trabajo, puede verse tentado a utilizar la información de la empresa en su beneficio o en el de otra empresa que le ofrezca mejores condiciones.

Es importante destacar que la avaricia no es necesariamente una característica común en todos los espías industriales y que la mayoría de los empleados son leales y éticos. Sin embargo, es importante que las empresas estén conscientes de la posibilidad de que la avaricia pueda ser un factor en el espionaje industrial y tomen medidas para proteger su información confidencial y evitar que sus empleados se sientan tentados a actuar en contra de sus intereses.

- *Habilidad para la persuasión*: Para llevar a cabo su tarea, un espía industrial necesita ser persuasivo y ser capaz de convencer a los demás de que le proporcionen información.

  La habilidad para la persuasión es otra característica importante que puede presentar un espía industrial. Estos individuos pueden ser muy persuasivos y convincentes en su comunicación con otros, lo que les permite obtener información valiosa de manera más fácil y efectiva. Pueden utilizar su habilidad para persuadir a otros para que revelen información que de otra manera no compartirían o para obtener acceso a áreas o documentos restringidos.

  La persuasión también puede ser utilizada para reclutar a otros individuos para que se unan al esquema de espionaje industrial. Un espía industrial persuasivo puede convencer a otros empleados de una empresa a compartir información sensible o incluso a unirse al esquema de espionaje. Esta capacidad de persuasión puede ser muy peligrosa y costosa para la empresa afectada, ya que puede llevar a la pérdida de información valiosa o incluso a la destrucción de la empresa en su conjunto.

- *Poca empatía:* Algunos espías pueden tener dificultades para conectarse emocionalmente con los demás y no sentir remordimientos por sus acciones, lo que les permite llevar a cabo sus tareas sin preocupación por las consecuencias.

  La falta de empatía es una característica común en los espías industriales, ya que les permite actuar con frialdad y sin remordimientos al cometer actos ilegales o inmorales en nombre de su objetivo. Esta falta de empatía también puede manifestarse en su relación con colegas y superiores, lo que puede llevarlos a engañar o traicionar a otros en el trabajo en beneficio propio o de su empleador. Además, la falta de empatía puede hacer que los espías sean insensibles a las consecuencias de sus acciones, lo que puede llevarlos a tomar decisiones irresponsables que podrían dañar gravemente a la empresa o a terceros involucrados.

La falta de empatía no necesariamente significa que un espía industrial tenga un trastorno de personalidad o sea un sociópata. En muchos casos, esta característica puede ser el resultado de la presión para cumplir con los objetivos de la empresa o de la cultura de la empresa que valora más la rentabilidad que la ética. Sin embargo, la falta de empatía puede ser una señal de alerta para los empleadores, ya que puede indicar un mayor riesgo de comportamiento ilegal o poco ético por parte de los empleados. Por lo tanto, los empleadores deben estar alerta a los signos de falta de empatía y tomar medidas preventivas para mitigar los riesgos asociados con este rasgo en los espías industriales.

- *Habilidad para adaptarse*: Deben ser capaces de adaptarse a diferentes entornos y situaciones para lograr sus objetivos. Esto incluye la capacidad de modificar su apariencia y comportamiento para pasar desapercibidos.

Este rasgo es fundamental para un espía industrial, ya que debe ser capaz de adaptarse a diferentes situaciones y entornos para lograr su objetivo. Debe ser capaz de cambiar de identidad, disfrazarse y actuar de manera diferente según las circunstancias. Además, debe tener la capacidad de adaptarse a los cambios en el entorno empresarial y a las nuevas tecnologías para poder seguir obteniendo información valiosa.

Un espía industrial que no tenga la capacidad de adaptarse y cambiar su enfoque de acuerdo con las circunstancias, puede ser detectado fácilmente y, por lo tanto, perder la capacidad de recopilar información valiosa para la organización que lo contrató. En consecuencia, la habilidad para adaptarse se considera una de las características más importantes para un espía industrial exitoso.

Estos rasgos, pueden indicar la presencia de un espía industrial. Sin embargo, es importante recordar que no todas las personas con estos rasgos son espías industriales y que no todos los espías industriales poseen estos rasgos. Cada caso es único y debe evaluarse cuidadosamente antes de tomar cualquier acción. (10)

Capítulo 9

Métodos de reclutamiento de un espía industrial

El espionaje industrial, como ya lo hemos mencionado en los diferentes capítulos de este libro, se ha convertido en un tema cada vez más relevante en el mundo empresarial, donde la competencia por obtener información y recursos es cada vez más intensa. Una de las formas en que los espías industriales obtienen información es mediante el reclutamiento de empleados o colaboradores de una empresa. Estos espías pueden utilizar una amplia variedad de métodos para reclutar a estos colaboradores, incluyendo la persuasión, la coacción y el soborno.

En este capítulo, se analizarán los diferentes métodos de reclutamiento utilizados por los espías industriales, con el objetivo de proporcionar a las empresas una mejor comprensión de las tácticas que pueden emplear los espías para obtener información de su organización. Asimismo, se proporcionarán recomendaciones para que las empresas puedan protegerse de estos métodos de reclutamiento.

Soborno

Ofrecen dinero u otros incentivos a los empleados para que proporcionen información confidencial o realicen ciertas acciones.

El soborno es una técnica comúnmente utilizada por los espías industriales para obtener información confidencial o secretos comerciales de una empresa. Consiste en ofrecer o recibir un incentivo financiero o en especie a cambio de información privilegiada.

En este método, los espías pueden acercarse a empleados de una empresa con acceso a información confidencial y ofrecerles dinero u otros incentivos para que les proporcionen esa información. También pueden sobornar a proveedores o contratistas de la empresa para obtener información o para sabotear la producción o distribución de sus productos, sin mencionar las campañas de branding o marketing.(11)

Extorsión: amenazan a los empleados con divulgar información comprometedora o perjudicial si no cumplen con las demandas del espía.

Coqueteo

Tratan de establecer una relación amistosa o romántica con los empleados para obtener información o influir en sus decisiones.

El coqueteo es un método en el cual el espía intenta ganarse la confianza y simpatía de un empleado de la empresa objetivo mediante el uso de técnicas de seducción. A menudo, los espías industriales pueden utilizar su atractivo físico, el encanto y el humor para ganarse la confianza del empleado y obtener información valiosa.

Este método puede ser particularmente efectivo en entornos de trabajo donde se fomenta la camaradería y la socialización, como en eventos de empresa o cenas de negocios. Sin embargo, el coqueteo también puede ser un arma de doble filo, ya que puede llevar a situaciones comprometedoras y ser contraproducente si el empleado se siente incómodo o engañado.

Las empresas deben ser conscientes de los riesgos del coqueteo como método de reclutamiento de espionaje industrial y tomen medidas para prevenirlo, como la educación de los empleados sobre las tácticas utilizadas por los espías industriales y el establecimiento de políticas claras sobre la privacidad y la confidencialidad de la información.

Engaño

Hacen creer a los empleados que están trabajando para una empresa legítima o que tienen una buena intención, cuando en realidad están trabajando para una organización rival.

El engaño es otro método comúnmente utilizado por los espías industriales para reclutar a empleados de una empresa. Este método se basa en el uso de la mentira y la manipulación para hacer que la persona revele información confidencial o cometa actos que beneficien al espía industrial.

Un ejemplo común de engaño es el uso de identidades falsas por parte del espía. Pueden hacerse pasar por un representante de una empresa asociada o incluso por un candidato a un puesto de trabajo en la misma empresa. En ambos casos, el objetivo es establecer una relación de confianza con la víctima y obtener información confidencial.

Otro ejemplo es la creación de una situación de emergencia o de crisis para obtener información. El espía puede hacer creer a la víctima que está en una situación de riesgo, como una posible filtración de información, y pedirle que proporcione información confidencial para evitar las consecuencias negativas. (12)

Redes sociales

Utilizan sitios web de redes sociales para buscar información personal de los empleados o para establecer contacto con ellos.

El uso de redes sociales se ha vuelto una herramienta cada vez más común para los espías industriales en su búsqueda de información confidencial. Pueden proporcionar información valiosa sobre las empresas, sus empleados, clientes y productos.

Los espías pueden usar técnicas de ingeniería social para obtener acceso a información valiosa a través de perfiles públicos, mensajes directos o chats. También pueden utilizar cuentas falsas o cuentas de terceros para contactar empleados clave y obtener información confidencial o engañar a los empleados para que les proporcionen información sin darse cuenta.

Por tal motivo, las empresas deben mantener alertas y establecer políticas claras para el uso de redes sociales por parte de sus empleados, así como también para la seguridad de la información en línea.

Ferias y eventos de la industria

Los espías asisten a eventos en los que pueden establecer contacto con empleados y representantes de empresas objetivo y utilizar técnicas de persuasión para obtener información.

Las ferias y eventos de la industria son otra forma común de reclutamiento utilizada por los espías industriales. Estos eventos a menudo atraen a una gran cantidad de personas de la misma industria, lo que los convierte en un lugar ideal para que los espías se mezclen y establezcan conexiones.

En estos eventos, los espías pueden hacerse pasar por asistentes o expositores y utilizar técnicas de ingeniería social para recopilar información valiosa. También pueden tratar de conectarse con otros asistentes para obtener información de ellos. Además, pueden asistir a charlas y conferencias para obtener información sobre nuevas tecnologías o productos.

Es importante destacar que no todas las personas que asisten a estas ferias y eventos tienen malas intenciones y muchas empresas legítimas también los utilizan para establecer contactos y establecer relaciones comerciales. Sin embargo, es importante que las empresas sean conscientes de la posibilidad de que los espías industriales también están presentes y deben tomar medidas para proteger su información confidencial.

Algunas de las medidas que las empresas pueden tomar incluyen restringir el acceso a ciertas áreas o información, utilizar técnicas de detección de amenazas, educar a sus empleados sobre las técnicas de ingeniería social y monitorear de cerca la actividad en línea de su empresa antes, durante y después del evento.(13)

Contacto directo

Un espía puede acercarse directamente a un empleado de la empresa objetivo, ya sea en persona o a través de las redes sociales, y ofrecerle una compensación económica u otra recompensa por información confidencial.

El contacto directo es una forma común en la que los espías industriales se acercan a sus objetivos. Esta estrategia implica acercarse a una persona y presentarse como alguien interesado en su trabajo o en su empresa, con el objetivo de obtener información confidencial.

El contacto puede ocurrir en diferentes situaciones, como en eventos sociales, conferencias, en la calle, en restaurantes, bares, entre otros. Los espías pueden utilizar diferentes técnicas para hacerse pasar por alguien de confianza, como mostrar un falso interés en la empresa o hacer preguntas inocentes sobre el trabajo.

Sin embargo, es importante que las empresas y sus empleados estén atentos a este tipo de acercamiento y tomen medidas preventivas para evitar la divulgación de información confidencial. Algunas de estas medidas pueden incluir la verificación de identidad de las personas que se acercan, establecer políticas de seguridad claras y capacitar a los empleados para reconocer y evitar posibles engaños.

Headhunting

Un espía puede hacerse pasar por un cazatalentos o reclutador de una empresa rival, contactar a empleados de la empresa objetivo y ofrecerles un trabajo mejor remunerado o con mejores beneficios a cambio de información confidencial.

El headhunting o caza de talentos es una técnica de reclutamiento que consiste en buscar y seleccionar candidatos altamente calificados para puestos de trabajo específicos. Aunque es una práctica común en el mundo empresarial, también puede ser utilizada por los espías industriales para reclutar empleados de empresas objetivo.

Los headhunter se dedican a buscar a los mejores candidatos para un determinado puesto, ya sea dentro de la empresa o en otras empresas de la misma industria. Estos reclutadores pueden ser contratados por empresas o trabajar de forma independiente. Los headhunter suelen buscar a personas que ya están trabajando en la industria y tienen experiencia en el puesto requerido.

Los espías industriales pueden aprovechar los servicios de un headhunter para encontrar a empleados clave de una empresa objetivo. Pueden utilizar información falsa para hacer que el headhunter piense que están buscando personal para una empresa legítima y así obtener información valiosa sobre los empleados de la empresa objetivo. También pueden utilizar información obtenida a través de otros métodos de espionaje para ayudar al headhunter a identificar a los empleados clave que podrían ser objetivos de reclutamiento.

Falsas oportunidades de negocio

Un espía puede crear una falsa oportunidad de negocio y acercarse a empleados de la empresa objetivo con el fin de recopilar información confidencial, obtener piezas de algún desarrollo o sabotear la empresa o un proyecto.

Este método también se conoce como "phishing empresarial" y es una forma común de fraude en la que los estafadores se hacen pasar por una entidad legítima para engañar a las personas y obtener información confidencial, como contraseñas o datos financieros.

Para protegerse de este método de reclutamiento, los empleados deben estar entrenados y concientizados para detectar posibles señales de alerta, como solicitudes inesperadas de información confidencial, ofertas que parecen demasiado buenas para ser verdad y solicitudes para unirse a proyectos o empresas desconocidos sin una diligencia o proceso adecuado. (14)

Conferencias

Los espías pueden asistir a conferencias y ferias donde la empresa objetivo esté presente y hacer contactos con empleados de la compañía para recopilar información confidencial que será usad para diversos fines en un futuro.

Las conferencias a menudo atraen a expertos en la industria y proporcionan una oportunidad para establecer contactos y compartir información. Los espías pueden asistir a conferencias aprovechando la oportunidad para hacerse pasar por participantes legítimos y encontrar la forma de identificar personas claves, hurtar equipos de cómputo y celulares, depende el caso, sabotear alguna empresa o boicotear algún proyecto. Tal es el caso del profesor Fabián Maura quien finalizó una conferencia en 2008 en la "universidad Libre" en Bogotá-Colombia y le fue hurtado el computador mediante engaño, en su laptop se contenía la investigación sobre tratamiento de cáncer gástrico y de colon.[1]

Los Espías utilizan la información que obtienen en conferencias para realizar ingeniería inversa, competir en el mercado o para venderla a competidores, gobiernos o al mejor postor. También pueden utilizar la información para obtener una ventaja en las negociaciones y en la toma de decisiones empresariales.

Las empresas pueden tomar medidas para prevenir la filtración de información durante las conferencias, como limitar el acceso de

[1] https://www.eltiempo.com/archivo/documento/CMS-4461818

información confidencial que llevan al evento, monitorear la asistencia de sus empleados y tener registro con identificador de identidad de los asistentes a las conferencias.

Diferencia entre espía industrial y espía corporativo

La competencia en el mundo empresarial en ocasiones puede llevar a empresas a utilizar métodos poco éticos para obtener ventaja sobre sus competidores. El espionaje industrial es una práctica que puede tener graves consecuencias legales y de reputación para las empresas que lo utilizan, por lo que es importante distinguir entre los diferentes tipos de espionaje empresarial. Es común que se confundan los términos de espía industrial y espía corporativo. Ambos buscan obtener información valiosa para una empresa, pero lo hacen de manera diferente y con distintos objetivos en mente.

En este capítulo, exploraremos las diferencias entre un espía industrial y un espía corporativo, desde los métodos que utilizan hasta los motivos detrás de sus acciones. También se discutirán las consecuencias legales y éticas de cada tipo de espionaje empresarial. A través del desarrollo de este acápite, espero proporcionar una mayor claridad sobre este tema controvertido y ayudar a las empresas a tomar decisiones más informadas sobre cómo proteger su información y su buen nombre.

Tanto los espías industriales como los corporativos se dedican a la recolección de información, pero existen diferencias entre ellos.

Un espía industrial se enfoca en obtener información confidencial de la competencia con el objetivo de obtener una ventaja competitiva en el mercado. Por otro lado, un espía corporativo se centra en proteger la información confidencial de la empresa y prevenir que esta información sea robada o filtrada.

Además, un espía industrial puede ser contratado por una empresa para obtener información de su competencia, mientras que un espía corporativo normalmente trabaja directamente para la empresa y se dedica a la protección de la información confidencial.

Otra diferencia importante es que un espía industrial puede actuar de manera ilegal y utilizar métodos poco éticos para obtener información, mientras que un espía corporativo debe cumplir con la ley y respetar las políticas y valores de la empresa.

Espía corporativo

Un espía corporativo se enfoca principalmente en obtener información sobre la estrategia de su propia empresa, luego utiliza esas pesquisas para obtener una ventaja competitiva en el mercado. En este sentido, el espía corporativo busca proteger los intereses de su propia organización y aumentar sus ganancias. Las actividades que pueden realizar incluyen:

- Recopilar información sobre la competencia.
- Obtener información sobre los clientes y proveedores de la empresa.
- Identificar las debilidades de la organización y trabajar en soluciones para mejorarlas.
- Buscar nuevos mercados y oportunidades de negocio.

Espía industrial

Un espía industrial, por otro lado, se enfoca en obtener información de otras empresas, con el objetivo de utilizar esa información para beneficiar a su propia organización. Las actividades que pueden realizar incluyen:

- Obtener información sobre los planes de expansión de la competencia.
- Conocer los precios y costos de los productos y servicios de la competencia.
- Investigar los avances tecnológicos de la competencia.
- Conocer las fuentes de financiamiento de la competencia.

Según un artículo de la revista Harvard Business Review, "Los espías corporativos son una función importante de cualquier empresa exitosa, ya que ayudan a proteger y maximizar el valor de la empresa". Por otro lado, los espías industriales pueden representar una amenaza para la propiedad intelectual y la seguridad de una compañía, y deben ser detectados y prevenidos.(15)

En conclusión, aunque los términos espía corporativo e industrial se utilizan a menudo indistintamente, existen algunas diferencias clave en su enfoque y actividades. Los espías corporativos se centran en la protección de los activos de la empresa y la identificación de riesgos para el negocio, mientras que los espías industriales buscan obtener información y ventaja competitiva para su propio beneficio o el de otra empresa.

Capítulo 10

Papel de las agencias gubernamentales y los servicios de inteligencia en la lucha contra el espionaje industrial

Las agencias gubernamentales y los servicios de inteligencia juegan un papel crucial en la lucha contra el espionaje industrial, ya que tienen la capacidad de recopilar información de fuentes nacionales e internacionales, además poseen la experiencia y el conocimiento necesarios para detectar y prevenir estas actividades ilícitas. Según un informe de la Comisión Europea, las agencias gubernamentales y los servicios de inteligencia son una parte esencial en la lucha contra el espionaje industrial y deben trabajar en estrecha colaboración con las empresas y los organismos reguladores para compartir información y conocimientos en tiempo real (Comisión Europea, 2013).

Además, las agencias gubernamentales y los servicios de inteligencia tienen acceso a tecnologías avanzadas de vigilancia y monitoreo que les permiten detectar y rastrear las actividades de espionaje industrial. Estas tecnologías incluyen la interceptación de comunicaciones, el seguimiento de transacciones financieras y la vigilancia electrónica. Los servicios de inteligencia también tienen la capacidad de infiltrarse en redes de espionaje industrial y recopilar información sobre sus actividades y operaciones (Gates, 2012).

Otro papel importante que juegan las agencias gubernamentales y los servicios de inteligencia es el de proporcionar asesoramiento y apoyo a las empresas para proteger su propiedad intelectual y su información confidencial. Esto puede incluir la realización de evaluaciones de riesgos de seguridad, la identificación de vulnerabilidades y la implementación de medidas de seguridad adecuadas para proteger la información sensible (Fisher, 2016).

Antecedentes históricos

El espionaje industrial ha existido desde hace siglos, aunque ha evolucionado y se ha vuelto más sofisticado en las últimas décadas. En la década de 1970, los gobiernos y las empresas comenzaron a tomar medidas para combatir el espionaje industrial, estableciendo leyes y regulaciones para proteger la propiedad intelectual y los secretos comerciales. En los años 80 y 90, los servicios de inteligencia se involucraron más en la lucha contra el espionaje industrial, colaborando con empresas y desarrollando capacidades de inteligencia especializadas en la protección de los intereses económicos nacionales. En la actualidad, la amenaza del espionaje industrial sigue siendo una preocupación importante para los gobiernos y las empresas, y se están desarrollando nuevas estrategias y tecnologías para combatirlo.

El espionaje industrial ha evolucionado junto con los avances tecnológicos y la globalización de los mercados. En el pasado, el espionaje industrial solía implicar la obtención de información a través de la infiltración de agentes dentro de una organización. Hoy en día, se realiza principalmente a través de la tecnología, como la piratería informática y el robo de datos.

Ante esta creciente amenaza, los gobiernos y los servicios de inteligencia han aumentado su enfoque en la lucha contra este flagelo. En algunos países, se han creado unidades especializadas en la lucha contra el espionaje industrial dentro de las agencias gubernamentales y de inteligencia. Por ejemplo, en Estados Unidos, el FBI tiene una unidad de espionaje industrial que se enfoca en investigar casos con esta tipología penal y proteger los secretos comerciales de las empresas.

Durante la Segunda Guerra Mundial, el espionaje industrial se convirtió en una herramienta clave para obtener información confidencial sobre el enemigo y ganar la guerra. Fue entonces cuando los servicios de inteligencia de los gobiernos comenzaron a prestar atención a esta modalidad de espionaje y a desarrollar técnicas para combatirlo. En Estados Unidos, la Oficina Federal de Investigación (FBI) fue una de las agencias gubernamentales que más activamente combatió este delito durante la guerra y después de ella (Miller, 2002).

En la década de 1950, con el inicio de la Guerra Fría, el espionaje industrial se convirtió en una amenaza aún mayor para la seguridad nacional de muchos países, especialmente de los Estados Unidos y la Unión Soviética. Como resultado, se crearon nuevas agencias gubernamentales para combatir esta amenaza, como la Agencia de Seguridad Nacional (NSA) y el Comité de Seguridad del Estado (KGB). (Kahn, 2005).

En las décadas siguientes, el espionaje industrial siguió siendo una preocupación importante para los gobiernos y las empresas de todo el mundo. Las agencias gubernamentales de inteligencia continuaron desempeñando un papel importante contra este fenomeno, proporcionando recursos y experiencia en la recopilación de información y la identificación de amenazas potenciales. Además, se promulgaron leyes y regulaciones para proteger la propiedad intelectual y prevenir este tipo de prácticas. (Wolfe, 2005).

En la actualidad, el espionaje industrial sigue siendo una amenaza importante para las empresas y los gobiernos en todo el mundo. Las agencias gubernamentales y los servicios de inteligencia continúan desempeñando un papel clave para combatir este fenómeno criminal, trabajando en estrecha colaboración con empresas y organizaciones para identificar amenazas y tomar medidas para proteger la información reservada. (Cassidy, 2016).

En conclusión, el espionaje industrial ha sido una práctica utilizada desde hace casi un siglo, pero su evolución e incremento en la era moderna ha llevado a los gobiernos y servicios de inteligencia a desarrollar estrategias y medidas de seguridad para combatirlo. A lo largo de la historia, estas agencias han trabajado tanto de manera individual como conjunta para prevenir el robo de información y proteger los intereses de sus países y empresas. Aunque el espionaje industrial sigue siendo un problema actual, los esfuerzos de estas agencias han contribuido significativamente a minimizar sus efectos y proteger los activos de la nación.

Operaciones de espionaje industrial descubiertas por agencias gubernamentales

La lucha contra el espionaje industrial es una labor importante que desarrollan las agencias gubernamentales y los servicios de inteligencia de todo el mundo. A lo largo de los años, estas agencias han descubierto numerosas operaciones de espias, algunas de ellas muy sofisticadas y de gran alcance. La identificación y desmantelamiento de estas operaciones ha permitido a las empresas proteger sus secretos comerciales y tecnológicos, además ha ayudado a los gobiernos a proteger la seguridad nacional y la economía de su país. En este capítulo, se explorarán algunas de las operaciones de espionaje industrial más destacadas descubiertas por agencias gubernamentales, así como las medidas que se han tomado para prevenirlas y combatirlas.

Existen varios casos que han sido descubiertos por agencias gubernamentales y servicios de inteligencia en todo el mundo. A continuación, se presentó algunos casos concretos, junto con las consecuencias y las medidas tomadas por las autoridades correspondientes.

Caso Huawei

En 2019, el gobierno de Estados Unidos acusó a la empresa china Huawei de espiar para el gobierno chino. Se acusó a la compañía de robar secretos comerciales y tecnológicos de T-Mobile, un proveedor de servicios de telecomunicaciones estadounidense. Como resultado, Huawei enfrentó restricciones en varios países y se enfrentó a una prohibición de hacer negocios con empresas estadounidenses.

Además, el gobierno del país norteamericano, acusó a la empresa tecnológica china de robar secretos comerciales, conspirar para realizar espionaje industrial y violar las sanciones comerciales impuestas contra Irán.

Las investigaciones de las agencias gubernamentales estadounidenses revelaron que Huawei había creado un sistema de espionaje que permitía a la compañía acceder a información confidencial de otras empresas y gobiernos. La empresa supuestamente habría robado secretos comerciales de compañías estadounidenses y habría utilizado la información para desarrollar sus propios productos.

Como resultado de estas acusaciones, el gobierno de los Estados Unidos prohibió a la empresa China vender sus productos y servicios en el país y presionó a otros países para que hicieran lo mismo. La empresa negó las acusaciones de espionaje industrial y ha presentado varias demandas contra el gobierno de los Estados Unidos.

El caso Huawei ha generado un debate en todo el mundo sobre la seguridad y la privacidad en la era digital, así como sobre las relaciones comerciales entre los Estados Unidos y China.

Caso Mitsubishi

En el año 1996, la compañía Mitsubishi Electric Corporation, uno de los mayores fabricantes japoneses de productos eléctricos y electrónicos, fue objeto de una investigación por parte del FBI en los Estados Unidos. La investigación se centró en la sospecha de que la empresa había robado secretos comerciales de una compañía estadounidense llamada Rockwell, relacionados con la tecnología de los motores de aviones.

La investigación llevó a la detención de varios empleados de Mitsubishi Electric en los Estados Unidos, incluyendo al vicepresidente de la división de motores de aviones, Toshiro Nagase. También se registraron las oficinas de la compañía en Japón, donde se encontraron documentos y archivos relacionados con la tecnología de los motores de aviones.

Como resultado, en 1997 Mitsubishi Electric se declaró culpable de conspiración para robar secretos comerciales y fue multada con 1.000 millones de yenes (unos 9,2 millones de dólares en ese momento). Además, varios de sus empleados, incluyendo al vicepresidente Nagase, fueron condenados por cargos relacionados con el robo de secretos comerciales.

Este caso es considerado uno de los más grandes y significativos en la historia del espionaje industrial, ya que involucró a una de las compañías más grandes y respetadas de Japón. También destaca la importancia de la cooperación entre agencias gubernamentales y servicios de inteligencia para descubrir y perseguir el espionaje industrial a nivel internacional.

Caso Volkswagen

En 2015, la Agencia de Protección Ambiental de Estados Unidos (EPA) acusó a Volkswagen de instalar software en 11 millones de vehículos diésel para falsear las emisiones de gases contaminantes durante las pruebas de control de emisiones. La investigación reveló que Volkswagen había utilizado esta táctica durante varios años para cumplir con los estándares de emisiones en pruebas de laboratorio, mientras que, en condiciones de conducción normales, las emisiones superaban significativamente los límites permitidos.

Después de la revelación, Volkswagen se disculpó públicamente y se enfrentó a una serie de demandas y multas en todo el mundo. La compañía también llevó a cabo una reorganización significativa, incluido el cambio de su equipo de liderazgo y la implementación de medidas para fortalecer su cumplimiento y supervisión.

El caso Volkswagen es un ejemplo de cómo la detección del espionaje industrial puede tener consecuencias graves no solo para la empresa involucrada, sino también para su reputación y relaciones con los consumidores y las autoridades gubernamentales.(16)

Caso Kaspersky Lab

El caso Kaspersky Lab es un ejemplo de una empresa acusada de colaborar con el gobierno ruso en actividades de espionaje cibernético. En 2017, el Departamento de Seguridad Nacional de los Estados Unidos emitió una directiva que prohíbe a todas las agencias gubernamentales utilizar software de Kaspersky Lab debido a preocupaciones de seguridad nacional.

El gobierno de los Estados Unidos alegó que la empresa rusa había ayudado al Kremlin en sus operaciones de espionaje, y que la presencia de sus productos en las redes de las agencias gubernamentales podría comprometer la seguridad nacional. Kaspersky Lab negó rotundamente estas acusaciones, pero la prohibición se mantuvo en su lugar.

Este caso demuestra cómo las empresas pueden enfrentar acusaciones de colaborar con gobiernos extranjeros en actividades de espionaje, y cómo estas acusaciones pueden tener un impacto significativo en sus negocios y relaciones comerciales. También resalta la importancia de la ciberseguridad en un mundo cada vez más digitalizado, y cómo la colaboración entre agencias gubernamentales y empresas privadas puede ser necesaria para prevenir el espionaje industrial y cibernético.

Colaboración entre empresas y agencias gubernamentales

La colaboración entre empresas y agencias gubernamentales es una práctica que se ha vuelto cada vez más común en los últimos años, especialmente en lo que respecta a la seguridad cibernética y la lucha contra el espionaje industrial. Las empresas han comenzado a reconocer la importancia de compartir información y trabajar en conjunto con las agencias gubernamentales para proteger sus intereses y mantener la seguridad de sus sistemas. Por su parte, las agencias gubernamentales han demostrado estar dispuestas a colaborar y brindar su experiencia y recursos para ayudar a las empresas a combatir amenazas cada vez más sofisticadas.

Esta colaboración ha evolucionado significativamente desde sus inicios. En el pasado, las empresas y los gobiernos a menudo mantenían una relación distante y desconfiada, con poco intercambio de información. Sin embargo, a medida que las amenazas cibernéticas se han vuelto más frecuentes y complejas, las empresas han comenzado a comprender la importancia de trabajar en conjunto con las agencias gubernamentales para proteger sus intereses. Hoy en día, la colaboración es vista como una herramienta esencial para enfrentar los desafíos de la ciberseguridad y el espionaje industrial.

Análisis de la colaboración entre empresas y agencias gubernamentales en la lucha contra el espionaje industrial

La colaboración entre empresas y agencias gubernamentales es fundamental para garantizar la seguridad y protección de los activos empresariales y la propiedad intelectual en un entorno empresarial. La colaboración puede tomar muchas formas, desde el intercambio de información sobre amenazas y tácticas, hasta la formación y el entrenamiento de los empleados para prevenir y detectar actividades sospechosas.

Los programas de información y entrenamiento para empleados son una herramienta efectiva en la prevención del espionaje industrial. La concientización de los empleados sobre las amenazas del espionaje industrial y cómo detectarlas es fundamental para evitar que la información y los activos empresariales caigan en manos equivocadas. Las empresas pueden trabajar con agencias gubernamentales y expertos en seguridad para desarrollar y ofrecer programas de entrenamiento y educación para sus empleados.

Estos programas para empleados son una herramienta importante en la prevención del espionaje industrial, pues, educan a los empleados sobre la importancia de la seguridad de la información y les enseñan cómo identificar y prevenir posibles amenazas de espionaje industrial. Además, pueden ayudar a crear una cultura de seguridad en la empresa y fomentar una mayor conciencia de los riesgos asociados con la divulgación de información confidencial.

Los programas de información y entrenamiento para empleados pueden incluir capacitación en la identificación de posibles amenazas, como correos electrónicos de phishing, personas que se hacen pasar por representantes de la empresa o incluso la posible actividad de vigilancia. Pueden incluir, además, la educación sobre los riesgos asociados con la divulgación de información confidencial a través de redes sociales, dispositivos personales, correos electrónicos no seguros o incluso conversaciones privadas. Estos programas también pueden incluir capacitación en la forma en que se manejan los datos sensibles de la empresa, cómo detectar la actividad sospechosa en la red y cómo informar de inmediato a las autoridades competentes.

La implementación de programas de información y entrenamiento para empleados puede tener un impacto significativo en la prevención del espionaje industrial y la protección de la información confidencial de la empresa. Según un informe de la Comisión de Comercio Federal de Estados Unidos, los programas de educación y conciencia son un factor crítico en la prevención del robo de información confidencial por parte de empleados malintencionados o inadecuadamente entrenados.

Además, la implementación de los mismos puede ser un requisito previo para cumplir con las regulaciones de seguridad de la información.

Por otra parte, La colaboración también puede involucrar la participación de agencias gubernamentales en la investigación y persecución de actividades de espionaje industrial. Las empresas pueden y deben trabajar en estrecha colaboración con las agencias gubernamentales para proporcionar información y apoyo en la investigación de casos de espionaje industrial. Esta colaboración armónica puede a las empresas a identificar y detener las actividades de espionaje antes de que se conviertan en un problema importante, además de apoyar y ayudar a las agencias gubernamentales a identificar y detener a los responsables del espionaje industrial.

La colaboración entre empresas y agencias gubernamentales en la lucha contra el espionaje industrial no se limita solo a programas de información y entrenamiento para empleados. También puede involucrar la participación de agencias gubernamentales en la investigación y persecución de actividades de espionaje industrial. En muchos casos, las agencias gubernamentales tienen recursos y habilidades especializadas que les permiten llevar a cabo investigaciones exhaustivas y recopilar pruebas sólidas en casos de espionaje industrial o corporativo.

El trabajo investigativo mancomunado y la persecución de actividades de espionaje industrial puede implicar el intercambio de información entre empresas y agencias gubernamentales. Por ejemplo, una empresa que ha sido víctima de espionaje puede compartir información con una agencia gubernamental, aportando así elementos para identificar al responsable del ataque y previniendo él actuar futuro de los responsables. Del mismo modo, una agencia gubernamental puede proporcionar información a una empresa sobre amenazas de seguridad específicas o sobre tácticas de espionaje industrial utilizadas por grupos o personas conocidas.

La colaboración para perseguir actividades de espionaje industrial es un componente importante en la lucha contra esta amenaza. Al trabajar juntos, las empresas y las agencias gubernamentales pueden mejorar su capacidad para identificar y detener a los espías industriales y para proteger la propiedad intelectual y otros activos valiosos.(17)

Herramientas y técnicas utilizadas por agencias gubernamentales

En la lucha contra el espionaje industrial, las agencias gubernamentales han desarrollado diversas herramientas y técnicas para recolectar información y desmantelar redes de que se dedican a esta actividad ilegal. La vigilancia electrónica, el análisis de inteligencia y las operaciones encubiertas son algunas de las principales técnicas utilizadas para identificar y prevenir el espionaje.

La vigilancia electrónica implica el monitoreo y la interceptación de comunicaciones electrónicas, como correos electrónicos, mensajes de texto y llamadas telefónicas, con el objetivo de identificar actividades sospechosas. El análisis de inteligencia implica la recolección, procesamiento y estudio de información para identificar patrones y tendencias que puedan ser indicativos de actividades de espionaje industrial. Las operaciones encubiertas, por su parte, implican la infiltración de agentes en organizaciones sospechosas con el objetivo de reunir información y recopilar pruebas.

Es importante destacar que estas herramientas y técnicas deben ser utilizadas dentro del marco legal establecido y respetando los derechos y libertades individuales de las personas. La colaboración entre agencias gubernamentales y empresas privadas es fundamental para garantizar la efectividad en la lucha contra el espionaje industrial.

Después de analizar los antecedentes históricos y los casos de espionaje industrial descubiertos por agencias gubernamentales, así, como la colaboración entre empresas y agencias en la lucha contra este tipo de actividades ilícitas, es evidente la importancia de tomar medidas preventivas y de seguridad para proteger la información confidencial y los secretos comerciales.

La colaboración entre empresas y agencias gubernamentales puede ser una herramienta valiosa para prevenir y detectar el espionaje industrial. Los programas de información y entrenamiento para empleados son fundamentales para concientizar sobre los riesgos y las consecuencias de compartir información confidencial y para promover una cultura de seguridad.

Las agencias gubernamentales también cuentan con herramientas y técnicas de vigilancia electrónica, análisis de inteligencia y operaciones encubiertas que pueden ser utilizadas para detectar y perseguir actividades criminales de este tipo. Sin embargo, es importante que estas medidas se lleven a cabo de manera responsable y ética.

La lucha contra el espionaje industrial es un desafío constante que requiere la colaboración y el compromiso tanto de las empresas como de las agencias gubernamentales. Es fundamental implementar medidas de seguridad y tomar precauciones para proteger la información confidencial y los secretos comerciales, así como estar alerta a posibles amenazas y colaborar en la investigación y persecución de actividades de espionaje industrial.

Capítulo 11

Prevención del espionaje industrial

La prevención del espionaje industrial es un conjunto de medidas tomadas por las empresas para proteger su información confidencial y la propiedad intelectual e industrial, de la obtención ilegal o no autorizada por terceros. Según la Asociación Internacional de Profesionales de Seguridad (ASIS), la prevención del espionaje industrial es "la identificación de información sensible o crítica de la empresa que se puede perder o filtrar, y la adopción de medidas para evitarlo". La prevención del espionaje industrial es una preocupación cada vez mayor para las empresas en todo el mundo debido a la creciente sofisticación de los métodos de espionaje y la intensificación de la competencia en los mercados globales.

Para prevenir el espionaje industrial, las empresas deben adoptar un enfoque integral que incluya la concientización y el entrenamiento del personal, políticas y procedimientos de seguridad claros y bien definidos, control de acceso y autorización, protección de la propiedad intelectual, evaluación de riesgos y amenazas, y colaboración con las fuerzas del orden. La concientización y el entrenamiento del personal son fundamentales para la prevención del espionaje porque los empleados pueden ser la primera línea de defensa contra los espías industriales. Las políticas y procedimientos de seguridad establecen cómo se manejará la información confidencial y qué medidas de seguridad se tomarán para protegerla.

El control de acceso y autorización es importante porque el acceso a la información confidencial debe ser controlado y autorizado para protegerla de personas no autorizadas. Las empresas deben asegurarse de que su propiedad intelectual esté protegida adecuadamente, lo que puede incluir la aplicación de patentes, marcas registradas y derechos de autor. Las evaluaciones de riesgos y amenazas son críticas para identificar cualquier vulnerabilidad y riesgo potencial.

Por último, la colaboración con las fuerzas del orden es importante en caso de un incidente de espionaje industrial ya que las empresas deben trabajar en estrecha colaboración con las autoridades para investigar el incidente y tomar medidas legales apropiadas contra los perpetradores.

Importancia de la prevención del espionaje industrial

La prevención del espionaje industrial es importante por varias razones. En primer lugar, las empresas invierten una cantidad significativa de tiempo, recursos y esfuerzos en el desarrollo de sus productos, tecnologías y procesos. Estos activos son críticos para el éxito de la empresa y en algunos casos, pueden ser la diferencia entre el éxito y el fracaso en un mercado altamente competitivo. Si esta información cae en manos equivocadas, puede ser utilizada por la competencia para obtener una ventaja injusta y poner en peligro la supervivencia de la empresa.

En segundo lugar, el costo financiero de un incidente de espionaje industrial puede ser enorme. Las empresas pueden perder ingresos, clientes y oportunidades de mercado si la información confidencial se divulga o se utiliza indebidamente. Además, las empresas pueden enfrentar multas, sanciones y demandas legales si se descubre que no han tomado medidas adecuadas para proteger su información confidencial.

En tercer lugar, el impacto en la reputación y la imagen de la empresa también puede ser fuertemente afectada. Si se produce un incidente de espionaje industrial, la empresa puede ser vista como descuidada o incompetente en la protección de su información confidencial. Esto puede dañar la confianza de los clientes, inversores y otros socios comerciales y puede llevar años reconstruir la imagen y reputación de la empresa.

Por último, la prevención del espionaje industrial es importante porque puede llegar a ser un asunto de seguridad nacional. Pues, Los gobiernos de todo el mundo han reconocido la amenaza que representa esta modalidad de espionaje para sus intereses económicos y de seguridad pública, especialmente en lo concerniente a industrias alimentarias a gran escala, energéticas, farmacéuticas, de desarrollo militar, entre otras.

En muchos casos, el espionaje industrial se utiliza como una forma de obtener información para fines de espionaje político o militar, es el caso, del país que ordena a sus espías obtener datos de una empresa que realiza desarrollos en elementos de protección para un ejército, otro ejemplo, los espías que se infiltran en una empresa desarrolladora de cohetes para aviones caza con el fin de obtener los modelos que usarán determinadas fuerzas militares. Como resultado, muchos países han promulgado leyes y reglamentos para prevenir y combatir este flagelo.

Concientización y entrenamiento del personal

La concientización y entrenamiento del personal es crucial para prevenir el espionaje industrial en una organización. Es importante que todos los empleados entiendan la importancia de proteger la información confidencial de la empresa y sepan cómo hacerlo adecuadamente. Según un informe de la Cámara de Comercio de los Estados Unidos, la mayoría de los robos de propiedad intelectual son perpetrados por empleados actuales o antiguos de la empresa (Chamber of Commerce of the United States of America, 2018). Por lo tanto, es fundamental que el personal sea consciente de la importancia de mantener la confidencialidad de la información.

El entrenamiento del personal debe incluir cómo reconocer y reportar posibles actividades de espionaje industrial, así como también la importancia de proteger la información durante el uso de dispositivos electrónicos y el acceso a la red de la empresa. La estrategia nacional de contrainteligencia de los Estados Unidos establece que la educación y el entrenamiento son esenciales para proteger la información crítica de la empresa (Counterintelligence and Security Center, 2019).

En la Unión Europea, la Comisión Europea ofrece recursos y herramientas para ayudar a las pequeñas y medianas empresas a proteger sus activos de propiedad intelectual, incluyendo la formación del personal (European Commission, n.d.). Además, el Departamento de Justicia de los Estados Unidos establece que la capacitación del personal es una medida efectiva para prevenir el robo de secretos comerciales (United States Department of Justice, 2015).

En Alemania, El Ministerio Federal del Interior, para la Construcción y la Patria, junto con el Bundesamt für Verfassungsschutz, el servicio de inteligencia interior, y otras organizaciones, ofrecen recursos y programas de capacitación para ayudar a las empresas a proteger su propiedad intelectual y otros activos críticos (Bundesministerium des Innern, für Bau und Heimat, 2021; Bundesamt für Verfassungsschutz, 2021; Bundesverband der Deutschen Industrie e.V., 2018; Bundesministerium für Wirtschaft und Energie, 2020; Deutscher Industrie- und Handelskammertag, 2017).

Las características clave de la concientización y el entrenamiento del personal para prevenir el espionaje industrial de acuerdo a las bibliografías germanas antes mencionadas incluyen:

Regularidad: La regularidad en la capacitación del personal es una característica clave para la prevención del espionaje industrial en una organización. La capacitación periódica ayuda a mantener la conciencia sobre los riesgos de seguridad y la importancia de la protección de la información a largo plazo. Un estudio realizado por la firma de seguridad informática Cybint Solutions indica que los empleados que reciben capacitación en seguridad con regularidad son más efectivos en la identificación y prevención de ataques cibernéticos (Cybint Solutions, 2021).

Además, la estrategia nacional de contrainteligencia de los Estados Unidos establece que la educación y el entrenamiento periódicos son esenciales para proteger la información crítica de la empresa (Counterintelligence and Security Center, 2019). Asimismo, el Departamento de Justicia de los Estados Unidos señala que la capacitación regular del personal es una medida efectiva para prevenir el robo de secretos comerciales (United States Department of Justice, 2015).

La regularidad en la capacitación del personal para la prevención del espionaje industrial es una práctica cada vez más común en América Latina. En muchos países de la región, las empresas están tomando medidas para garantizar que su personal esté capacitado y actualizado en cuanto a la seguridad de la información y la protección de los secretos comerciales.

En México, por ejemplo, la Secretaría de Economía ha creado programas de capacitación para las empresas que incluyen la identificación y prevención del espionaje industrial. Estos programas se ofrecen de forma regular y están dirigidos a diferentes sectores y niveles de la empresa (Secretaría de Economía, 2021).

En Brasil, el Serviço Brasileiro de Apoio às Micro e Pequenas Empresas (SEBRAE) ofrece programas de capacitación en seguridad de la información y protección de los secretos comerciales a las pequeñas y medianas empresas de todo el país. Estos programas se ofrecen de forma regular y están diseñados para satisfacer las necesidades específicas de cada empresa (SEBRAE, 2021).

En Colombia, el Ministerio de Comercio, Industria y Turismo ha creado el Programa de Fortalecimiento de la Propiedad Intelectual, que incluye capacitación en la protección de los secretos comerciales y la información empresarial. Este programa se ofrece de forma regular y está dirigido a empresas de todos los sectores y tamaños (Ministerio de Comercio, Industria y Turismo, 2021).

En resumen, la regularidad en la capacitación del personal para la prevención del espionaje industrial es una práctica cada vez más común en América Latina, con muchos gobiernos y organizaciones ofreciendo programas de capacitación periódicos para garantizar la protección de la información empresarial.

Personalización: La capacitación debe ser específica para el tipo de información y los riesgos asociados a la empresa, así como a los puestos de trabajo individuales.

La personalización en la capacitación del personal para la prevención del espionaje industrial es una característica importante que puede mejorar la efectividad de la capacitación y la comprensión de los empleados sobre los riesgos de seguridad específicos de su organización. Al personalizar la capacitación, se pueden abordar los riesgos específicos a los que se enfrenta la organización y adaptar los entrenamientos para satisfacer las necesidades individuales de los empleados.

Un estudio de la consultora PwC sugiere que la personalización de la capacitación es una de las mejores prácticas en la prevención del espionaje industrial, ya que permite una mayor comprensión y conciencia de los riesgos de seguridad (PwC, 2019). Además, la Oficina de Contrainteligencia del Departamento de Defensa de los Estados Unidos ha identificado la personalización de la capacitación como una forma efectiva de mejorar la capacidad del personal para detectar y prevenir el espionaje industrial (Office of the Under Secretary of Defense for Intelligence and Security, 2016).

En Alemania, la personalización en la capacitación del personal es una práctica común en la protección de la economía. El Bundesamt für

Verfassungsschutz ofrece programas de capacitación personalizados para las empresas, basados en un análisis de los riesgos específicos a los que se enfrenta la organización (Bundesamt für Verfassungsschutz, 2021). De manera similar, la Asociación Alemana de la Industria recomienda que la capacitación en seguridad informática y protección de datos se adapte a las necesidades individuales de la empresa y sus empleados (Bundesverband der Deutschen Industrie e.V., 2020).

Interactividad: La capacitación debe ser interactiva e involucrar a los empleados en actividades prácticas y escenarios de riesgos potenciales.

La interactividad en la concientización y el entrenamiento del personal es una herramienta importante para mejorar la efectividad de la capacitación y la retención de información por parte de los empleados. La interactividad permite que los empleados se involucren activamente en la capacitación, en lugar de simplemente escuchar o leer información pasivamente.

La interactividad puede incluir una variedad de técnicas, como juegos de rol, escenarios simulados, pruebas y ejercicios prácticos, entre otros. Estas técnicas permiten a los empleados aplicar los conceptos que están aprendiendo en situaciones reales, lo que aumenta su comprensión y su capacidad para identificar y prevenir el espionaje industrial.

La interactividad también puede fomentar la colaboración y la discusión entre los empleados, lo que puede ayudar a identificar problemas o brechas de seguridad específicas dentro de la organización. Además, la retroalimentación inmediata y la capacidad de hacer preguntas durante la capacitación también pueden mejorar la efectividad del entrenamiento y la comprensión de los empleados.

Un estudio realizado por la empresa de seguridad informática Kaspersky encontró que el uso de técnicas interactivas, como juegos de rol y escenarios simulados, aumenta significativamente la efectividad de la capacitación en seguridad informática y protección de datos (Kaspersky, 2019).

En conclusión, la interactividad en la concientización y el entrenamiento del personal es una herramienta importante para mejorar la efectividad de la capacitación y la retención de información por parte de los empleados. Las técnicas interactivas permiten a los empleados aplicar los conceptos en situaciones reales y fomentan la colaboración y la discusión entre ellos.

Evaluación: La efectividad de la capacitación debe ser evaluada y los resultados deben utilizarse para mejorar la formación futura y el programa de seguridad en general.

La evaluación en la concientización y el entrenamiento del personal en la prevención del espionaje industrial es una herramienta importante para medir la efectividad de la capacitación y garantizar que los empleados estén preparados para identificar y prevenir el espionaje industrial en su trabajo diario.

La evaluación puede tomar muchas formas, incluyendo pruebas y exámenes, simulaciones y ejercicios prácticos, retroalimentación de los empleados y seguimiento continuo de los incidentes de seguridad.

Es importante que la evaluación sea parte integral de todo el proceso de concientización y entrenamiento, no sólo una actividad separada al final del programa. La evaluación continua puede ayudar a identificar las áreas en las que los empleados necesitan más capacitación o refuerzo, y puede ayudar a garantizar que el programa de capacitación se adapte a las necesidades cambiantes de la organización.

También debe tenerse en cuenta que la evaluación debe ser objetiva y basada en criterios claros y medibles. Los criterios de evaluación deben ser comunicados claramente a los empleados desde el principio del programa de capacitación, y deben ser consistentes para todos los empleados.

Además, la retroalimentación de los empleados también es importante en el proceso de evaluación. Los empleados pueden proporcionar información valiosa sobre la efectividad de la capacitación y sobre cualquier brecha de seguridad o preocupación que hayan identificado en su trabajo diario.

Inclusión de políticas y procedimientos: La capacitación debe incluir una revisión de las políticas y procedimientos de la empresa en relación con la protección de la información y cómo los empleados pueden cumplir con ellas.

La inclusión de políticas y procedimientos es esencial en cualquier programa de prevención del espionaje industrial y en la concientización y entrenamiento del personal.

Las políticas establecen las directrices generales de la organización en relación con la protección de la información confidencial y los procedimientos detallan los pasos específicos que los empleados deben seguir para proteger la información y prevenir el espionaje industrial. Es importante que estas políticas y procedimientos estén disponibles y sean accesibles para todos los empleados, y que se actualicen regularmente para reflejar las cambiantes necesidades y riesgos de la organización.

La inclusión de políticas y procedimientos también puede ayudar a crear una cultura de seguridad en la organización. Los empleados deben entender que la protección de la información confidencial es una responsabilidad compartida y que el incumplimiento de las políticas y procedimientos puede tener graves consecuencias para la organización y para ellos mismos.

Además, las políticas y procedimientos pueden ayudar a proporcionar una base para la capacitación y el desarrollo de programas de concientización efectivos. Al utilizar las políticas y procedimientos como base para la capacitación, los empleados pueden comprender mejor la importancia de la protección de la información confidencial y los pasos específicos que deben seguir para protegerla.

Estas características aseguran que la capacitación sea efectiva en la prevención del espionaje industrial y ayude a los empleados a comprender la importancia de proteger la información crítica de la empresa.

Importancia de la concientización y el entrenamiento del personal

La concientización y el entrenamiento del personal son aspectos críticos en cualquier programa de prevención del espionaje industrial. La importancia de la concientización y el entrenamiento del personal radica en que:

Los empleados son la primera línea de defensa contra el espionaje industrial: Los empleados son quienes tienen acceso a la información confidencial y pueden ser la primera línea de defensa contra el espionaje industrial. La concientización y el entrenamiento del personal son esenciales para garantizar que los empleados comprendan la importancia de proteger la información confidencial y sepan cómo hacerlo.

Efectivamente, los empleados son la primera línea de defensa contra el espionaje industrial en cualquier organización. Debido a que los empleados tienen acceso directo a la información confidencial, pueden ser el primer punto de entrada para los espías industriales que buscan obtener información valiosa. Por esta razón, es esencial que los empleados estén capacitados y conscientes de los riesgos del espionaje industrial y sepan cómo proteger la información confidencial.

Los empleados pueden desempeñar un papel crucial en la prevención del espionaje industrial al identificar y reportar cualquier actividad sospechosa. La capacitación y entrenamiento puede ayudar a los empleados a reconocer las señales de alerta del espionaje industrial, como preguntas inusuales sobre la información confidencial a la que cada uno tiene acceso por parte de empleados o personas externas a la organización, así como la observación de comportamientos extraños de otras personas o visitantes.

Además, los empleados también pueden ser una fuente importante de ideas para mejorar la seguridad de la información en la organización. La concientización y el entrenamiento del personal pueden proporcionar a los empleados las herramientas necesarias para identificar y reportar vulnerabilidades en la seguridad de la información, así como para proponer soluciones para mitigar los riesgos del espionaje industrial.

Los empleados pueden ser un punto débil en la seguridad de la información: Los empleados pueden ser un punto débil en la seguridad de la información si no están capacitados o no están conscientes de los riesgos del espionaje industrial. La concientización y el entrenamiento del personal pueden ayudar a reducir este riesgo al asegurarse de que los empleados estén capacitados y conscientes de los riesgos.

Es cierto que los empleados pueden ser un punto débil en la seguridad de la información si no están capacitados adecuadamente y no están al tanto de los riesgos del espionaje industrial. El hecho de que los empleados tengan acceso directo a la información confidencial significa que son un objetivo fácil para los espías industriales que buscan obtener información valiosa.

Sin embargo, la capacitación y el entrenamiento de los empleados pueden mitigar este riesgo y convertirlos en una fortaleza para la organización. Al proporcionar a los empleados una comprensión clara de los riesgos del espionaje industrial, cómo pueden identificar y reportar comportamientos sospechosos y cómo pueden proteger la información confidencial, se puede reducir significativamente el riesgo de que los empleados se conviertan en víctimas de espionaje industrial.

Además, la implementación de políticas y procedimientos claros de seguridad de la información, junto con una supervisión adecuada, también puede ayudar a reducir el riesgo de que los empleados sean un punto débil en la seguridad de la información. La seguridad de la información debe ser una responsabilidad compartida por toda la organización, y los empleados deben ser capacitados para desempeñar su papel en la prevención del espionaje industrial.

La prevención del espionaje industrial es una responsabilidad compartida: La prevención del espionaje industrial es una responsabilidad compartida entre la organización y sus empleados. La concientización y el entrenamiento del personal son esenciales para asegurar que los empleados comprendan su papel en la prevención del espionaje industrial y se comprometan a proteger la información confidencial.

La prevención del espionaje industrial es una responsabilidad compartida por todas las partes involucradas, incluyendo a los empleados, los gerentes, los contratistas y los proveedores de servicios externos. Es importante que todas estas partes entiendan los riesgos del espionaje industrial y tomen medidas proactivas para proteger la información confidencial.

Los gerentes y líderes de la organización tienen la responsabilidad de establecer políticas y procedimientos de seguridad de la información y de asegurarse de que se implementen y se sigan adecuadamente.

Además, deben proporcionar una capacitación y educación continua a los empleados y otros miembros de la organización sobre la importancia de la seguridad de la información y cómo pueden protegerla.

Por otra parte, los trabajadores también tienen un papel relevante en la prevención del espionaje industrial y su responsabilidad resulta significativa. Deben estar al tanto de los riesgos de esta tipología de crimen contra la empresa y deben estar capacitados para identificar y reportar comportamientos sospechosos. También deben seguir las políticas y procedimientos de seguridad de la información establecidos por la organización y asegurarse de que la información confidencial se maneje y almacene adecuadamente.

Además, los contratistas y proveedores de servicios externos que trabajan con la organización también tienen la responsabilidad de proteger la información confidencial a la que tienen acceso. Deben seguir las políticas y procedimientos de seguridad de la información establecidos por la organización y deben ser conscientes de los riesgos del espionaje industrial.

La capacitación es un requisito legal y regulatorio: En muchos países, la capacitación en seguridad de la información es un requisito legal y regulatorio para las organizaciones. La falta de capacitación y concientización del personal puede dar lugar a multas y sanciones.

La capacitación en seguridad de la información es un requisito legal y regulatorio en muchos países y sectores industriales. Por ejemplo, en los Estados Unidos, la Ley de Protección de la Información del Consumidor de California (California Consumer Privacy Act, CCPA) establece que las empresas deben proporcionar capacitación a sus empleados sobre la privacidad de los datos personales. Del mismo modo, la Ley de Protección de Datos de la Unión Europea (General Data Protection Regulation, GDPR) establece que las empresas deben tomar medidas para garantizar que el personal involucrado en el procesamiento de datos personales esté adecuadamente capacitado.

Además, muchas industrias reguladas, como la banca y las finanzas, la salud y la seguridad nacional, también tienen requisitos de capacitación en seguridad de la información para sus empleados y contratistas. Estos requisitos pueden estar establecidos por organizaciones reguladoras como la Agencia Nacional de Seguridad (NSA) en los Estados Unidos o la Agencia de Protección de Datos en la Unión Europea.

Por lo tanto, es importante que las organizaciones comprendan los requisitos legales y regulatorios en su sector y en su país en relación con la capacitación en seguridad de la información. La capacitación no solo es una buena práctica de seguridad, sino también un requisito legal y regulatorio.

En resumen, la concientización y el entrenamiento del personal son esenciales en cualquier programa de prevención del espionaje industrial. Los empleados son la primera línea de defensa contra el espionaje industrial y pueden ser un punto débil en la seguridad de la información. La prevención del espionaje industrial es una responsabilidad compartida entre la organización y sus empleados, y la capacitación es un requisito legal y regulatorio en muchos países.

Qué debe incluir el entrenamiento en prevención del espionaje industrial

El entrenamiento en prevención del espionaje industrial debe incluir una variedad de temas para asegurar que los empleados estén preparados para reconocer y prevenir posibles amenazas de espionaje industrial. Algunos de los temas que se deben cubrir en el entrenamiento incluyen:

1. La definición de espionaje industrial y la importancia de prevenirlo.

2. Los diferentes tipos de técnicas de espionaje industrial utilizadas, como el robo de información y la ingeniería social.

3. Cómo identificar y reportar actividades sospechosas o inusuales.

4. Cómo proteger la información confidencial y evitar la filtración de información.

5. Las políticas y procedimientos de la organización en relación con la seguridad de la información y el espionaje industrial.

6. Las consecuencias legales y profesionales del espionaje industrial.

Es importante que el entrenamiento sea interactivo y que se proporcione a los empleados la oportunidad de hacer preguntas y discutir posibles escenarios. Además, el entrenamiento debe ser regular y actualizado para asegurarse de que los empleados estén al tanto de las últimas amenazas de seguridad.

El entrenamiento en prevención del espionaje industrial debe ser adaptado y personalizado según el nivel de acceso a la información de cada empleado dentro de la organización. Esto significa que los empleados que tienen acceso a información más confidencial y sensible deberán recibir un entrenamiento más detallado y riguroso que los empleados que tienen acceso a información menos crítica.

El entrenamiento para los empleados con acceso a información crítica debe incluir, además de los temas mencionados anteriormente, temas específicos como:

- ***La clasificación de información***: La clasificación de información es un aspecto fundamental en la prevención del espionaje industrial, ya que permite identificar y proteger los datos que son más valiosos y críticos para la organización. El entrenamiento en prevención del espionaje industrial debe incluir una sección dedicada a la clasificación de información, enseñando a los empleados cómo identificar la información crítica y cómo manejarla adecuadamente.

  La clasificación de información puede variar según la organización, pero generalmente incluye tres niveles: información pública, información confidencial e información altamente confidencial. Los empleados deben saber cómo reconocer cada tipo de información y cómo protegerla de manera adecuada.

  Además, el entrenamiento debe incluir información sobre las políticas y procedimientos de la organización en relación con la clasificación de información, incluyendo cómo se debe almacenar y compartir la información y quiénes tienen acceso a ella. (18)

- ***La gestión de contraseñas y la autenticación de usuarios:*** son dos elementos clave en la prevención del espionaje industrial. El entrenamiento en prevención de este delito debe incluir una sección dedicada a la gestión de contraseñas, enseñando a los empleados cómo crear contraseñas seguras y cómo manejarlas de manera adecuada. Debe incluir información de autenticación de usuarios, que de be incluir el uso de factores o multifactores para dar una capa adicional de seguridad.

  Según un estudio de Verizon, el uso de contraseñas débiles sigue siendo uno de los principales factores que contribuyen a las violaciones de sistemas y accesos no autorizados a datos o información. Además, el informe de investigación de Symantec de 2019 encontró que el 80% de los ataques a las empresas comienzan con credenciales de usuario débiles o robadas. Por lo tanto, es esencial que las empresas implementen políticas sólidas de gestión de contraseñas y autenticación de usuarios, y capaciten a sus empleados sobre cómo cumplir con estas políticas.

La guía del National Institute of Standards and Technology (NIST) sobre contraseñas y autenticación de usuarios recomienda una serie de prácticas de seguridad, incluyendo:

Crear contraseñas largas y complejas, evitando el uso de información personal o palabras comunes.

Utilizar contraseñas diferentes para cada cuenta y cambiarlas de manera periódica.

No compartir contraseñas con nadie, ni escribirlas en papel o en dispositivos electrónicos no seguros.

Utilizar la autenticación de dos factores o multifactor siempre que sea posible.

- ***La supervisión de dispositivos de almacenamiento externos:*** es una práctica importante en la prevención del espionaje industrial, ya que estos dispositivos pueden ser utilizados para la extracción no autorizada de información confidencial de la empresa. En el entrenamiento en prevención del espionaje industrial se debe incluir información sobre los riesgos asociados con el uso de dispositivos de almacenamiento externos y las medidas de seguridad que se deben tomar para supervisar su uso.

Según el informe de la Comisión Europea sobre la protección de la propiedad intelectual en el mercado interior, la supervisión de dispositivos de almacenamiento externos es una de las medidas que se pueden adoptar para proteger la información confidencial de la empresa. Además, el informe destaca la importancia de sensibilizar y formar a los empleados sobre las medidas de seguridad en la gestión de la información confidencial de la empresa.

- ***La protección de la información durante los viajes de negocios:*** es un aspecto importante en la prevención del espionaje industrial, ya que los viajes pueden exponer la información confidencial de la empresa a riesgos de seguridad. En el entrenamiento en prevención del espionaje industrial se debe incluir información sobre los riesgos asociados con los viajes de negocios y las medidas de seguridad que se deben tomar para proteger la información confidencial de la empresa.

  Según el documento de buenas prácticas de la Organización para la Cooperación y el Desarrollo Económicos (OCDE) sobre la protección de la información durante los viajes de negocios, se deben establecer medidas de seguridad apropiadas antes, durante y después del viaje para proteger la información confidencial. Estas medidas pueden incluir la limitación de la cantidad de información que se lleva consigo, el cifrado de la información, la supervisión de dispositivos electrónicos y la seguridad física de los dispositivos de almacenamiento externos.

Por otro lado, los empleados con acceso limitado a la información confidencial deben recibir un entrenamiento básico en prevención del espionaje industrial, centrándose en la importancia de la seguridad de la información y en cómo reconocer y reportar actividades sospechosas.

Es importante destacar que la personalización del entrenamiento no sólo depende del nivel de acceso a la información de cada empleado, sino también de la industria en la que trabaja la organización y del tipo de información que maneja.

Cómo implementar un programa de entrenamiento en prevención del espionaje industrial

Implementar un programa de entrenamiento en prevención del espionaje industrial requiere de una estrategia bien planificada que involucre la identificación de las necesidades de formación, el diseño del programa, la selección de los medios adecuados para la formación y la evaluación de la efectividad del programa. A continuación, se presentan algunos pasos que se deben seguir para implementar un programa de entrenamiento en prevención del espionaje industrial:

Identificación de las necesidades de formación: Para implementar un programa de entrenamiento en prevención del espionaje industrial es importante comenzar por identificar las necesidades de formación del personal. Para ello, se puede realizar una evaluación de riesgos y una revisión de las políticas y procedimientos actuales de la organización. Además, se pueden realizar encuestas o entrevistas con el personal para identificar sus conocimientos y habilidades actuales en relación con la prevención del espionaje industrial.

Una vez que se han identificado las necesidades de formación, se pasa a desarrollar un plan de entrenamiento que aborde las áreas de mayor riesgo y que esté adaptado al nivel de acceso a la información de cada miembro del personal. Es recomendable que el plan de entrenamiento incluya una mezcla de sesiones de capacitación presenciales y en línea, así como actividades prácticas para reforzar los conceptos aprendidos.

También se establecerá un calendario de formación regular para el personal nuevo y antiguo, además se asegurará de que los gerentes y supervisores de cada departamento estén involucrados en el proceso de formación. Igualmente, es recomendable establecer un sistema de seguimiento y evaluación para medir la efectividad del programa de entrenamiento y hacer ajustes según sea necesario.

Diseño del programa de entrenamiento: Después de identificar las necesidades de formación, se debe diseñar un programa de entrenamiento que cubra los temas relevantes para la prevención del espionaje industrial. El programa debe ser claro, conciso y fácil de entender para los empleados.

El diseño de un programa de entrenamiento en prevención de este delito debe ser adaptado a las necesidades específicas de la organización y al nivel de acceso a la información de cada empleado. Algunos aspectos que deben ser considerados en el diseño del programa son:

- Identificación de los objetivos del entrenamiento y de los temas que deben ser cubiertos.
- Selección del tipo de entrenamiento más adecuado, como capacitaciones presenciales, en línea o una combinación de ambas.
- Definición del contenido y la duración del entrenamiento. Es importante que el contenido sea claro, conciso y que esté adaptado a la audiencia.
- Identificación de los recursos necesarios para el entrenamiento, como material didáctico, expertos en el tema y herramientas tecnológicas.

- Desarrollo de una estrategia de evaluación del entrenamiento, para medir el éxito del programa y realizar mejoras en el futuro.
- Comunicación clara de las políticas y procedimientos de seguridad de la información y de la importancia de la prevención del espionaje industrial.

Algunas organizaciones también pueden considerar la posibilidad de involucrar a proveedores y socios comerciales en el programa de entrenamiento, como una medida adicional para garantizar la seguridad de la información.

Selección de los medios adecuados para la formación: Se deben seleccionar los medios adecuados para la formación, teniendo en cuenta el tamaño de la empresa, el presupuesto y las preferencias de los empleados.

La selección de los medios adecuados para la formación del personal es crucial para el éxito del programa de entrenamiento en prevención del espionaje industrial. Es importante tener en cuenta las características y necesidades del público objetivo, así como la disponibilidad de recursos y tecnología.

Los medios de formación pueden incluir sesiones presenciales, cursos en línea, materiales de lectura, videos, simulaciones y juegos interactivos. Se debe buscar una combinación adecuada de medios para maximizar la efectividad del programa y mantener el interés de los participantes.

Los materiales de formación deben estar actualizados y ser relevantes para las necesidades de la organización. Además, se debe asegurar que los medios académicos estén disponibles en diferentes formatos y en varios idiomas, si es necesario.

Implementación del programa de entrenamiento

Una vez que se ha diseñado el programa de entrenamiento y se han seleccionado los medios adecuados para la formación, se debe implementar el programa. Esto implica la asignación de tiempo y recursos para que los empleados completen el programa de entrenamiento.

La implementación del programa de entrenamiento en prevención del espionaje industrial debe ser planificada y organizada cuidadosamente. Algunos pasos que se pueden seguir incluyen:

Comunicar claramente los objetivos y la importancia del programa de entrenamiento a todo el personal de la empresa.

Comunicar claramente los objetivos y la importancia del programa de entrenamiento es fundamental para su implementación exitosa. Es importante que todo el personal de la empresa comprenda la importancia de la prevención del espionaje industrial y cómo su participación activa puede ayudar a proteger la información confidencial de la organización.

Se pueden utilizar varios medios de comunicación para asegurar que todo el personal esté al tanto del programa de entrenamiento, como correos electrónicos, reuniones de equipo, carteles en las áreas comunes de la empresa, entre otros. También es importante contar con el apoyo de la alta dirección y de los supervisores para asegurar que el programa de entrenamiento sea tomado en serio y se le dedique el tiempo y los recursos necesarios.

Establecer un calendario y una agenda de capacitación, considerando la disponibilidad de los empleados y la duración del programa.

Es importante considerar la disponibilidad de los empleados y la duración del programa para asegurarse de que el personal pueda asistir y completar la capacitación o entrenamiento de manera efectiva.

Es recomendable establecer un cronograma claro que incluya fechas y horas de capacitación, así como también la duración y los temas a cubrir en cada sesión de entrenamiento. Además, se debe asegurar que se asignen recursos adecuados para el programa de entrenamiento, como personal capacitado y herramientas de apoyo necesarias.

El calendario y la agenda de capacitación deben ser comunicados claramente a todos los empleados, de modo que puedan planificar en consecuencia y participar activamente en el programa. También se pueden ofrecer opciones de horarios flexibles para garantizar que los empleados puedan asistir a la capacitación sin comprometer sus tareas diarias. (19)

Designar a un equipo de entrenamiento responsable de la implementación y la supervisión del programa.

Designar a un equipo de entrenamiento es importante para asegurar la correcta implementación y supervisión del programa de instrucción en prevención del espionaje industrial. Este equipo debe estar compuesto por personal capacitado en el tema y que tenga experiencia en la realización de capacitaciones y programas de formación.

El equipo de entrenamiento debe estar encargado de la organización de las sesiones de capacitación, la selección de los instructores y la supervisión del progreso de los empleados. También deben estar disponibles para responder preguntas y brindar apoyo adicional a los empleados en caso de ser necesario.

Utilizar múltiples métodos de capacitación, como clases en línea, talleres presenciales y prácticas de simulación.

Se deben utilizar diferentes métodos de capacitación para que los empleados puedan absorber la información de manera efectiva. La combinación de clases en línea, talleres presenciales y prácticas de simulación puede ayudar a mantener la atención de los empleados y proporcionar una experiencia de aprendizaje más completa.

Por ejemplo, las clases en línea pueden ser convenientes para que los empleados completen la capacitación a su propio ritmo, mientras que los talleres presenciales pueden ser más efectivos para fomentar la participación activa y la discusión en grupo. Las prácticas de simulación también pueden ser útiles para ayudar a los empleados a aplicar lo que han aprendido en un entorno simulado.

Realizar evaluaciones regulares para medir la efectividad del programa y hacer ajustes según sea necesario.

Realizar evaluaciones regulares es una práctica esencial para medir la efectividad del programa de entrenamiento en prevención del espionaje industrial. La evaluación permite identificar posibles debilidades en el programa y hacer ajustes para mejorar su efectividad. Para ello, se pueden utilizar diferentes métodos de evaluación, como encuestas de satisfacción, pruebas de conocimientos, simulaciones de escenarios y revisiones de casos prácticos.

Es importante tener en cuenta que las evaluaciones no solo deben medir el conocimiento adquirido por los empleados, sino también su actitud y comportamiento hacia la prevención del espionaje industrial. Los empleados deben entender la importancia de la seguridad de la información y su papel en la protección de la empresa contra el espionaje industrial. (20)

Proporcionar retroalimentación a los empleados y reconocer los logros individuales en la prevención del espionaje industrial.

Proporcionar retroalimentación a los empleados y reconocer sus logros es importante para mantener su compromiso y motivación en la prevención del espionaje industrial. Esto puede ser en forma de retroalimentación constructiva y positiva durante el entrenamiento y evaluaciones, así como reconocimientos públicos o premios por desempeño excepcional en la protección de la información confidencial.

Además, debe tener en cuenta que la cultura organizacional y la ética empresarial pueden tener un impacto significativo en la prevención del espionaje industrial. Por lo tanto, se recomienda fomentar una cultura de seguridad de la información y de responsabilidad compartida en toda la organización.

Es importante recordar que la implementación del programa de entrenamiento debe ser un proceso continuo y que requiere la participación activa y el compromiso de todo el personal de la empresa.

Control de acceso y autorización

El control de acceso y autorización es un componente fundamental de la seguridad de la información en cualquier organización. Este control se refiere a la capacidad de la organización para determinar quiénes pueden acceder a la información, los recursos y las instalaciones de la empresa, así como las acciones que están autorizadas a realizar.

El control de acceso y autorización se puede implementar mediante la autenticación y la autorización. La autenticación es el proceso de verificar la identidad de un usuario, mientras que la autorización se refiere a la asignación de permisos y roles a los usuarios para acceder a ciertos recursos o realizar determinadas acciones.

Es importante que la organización establezca políticas y procedimientos claros para el control de acceso y autorización. Esto incluye la definición de los requisitos de autenticación, como la complejidad de las contraseñas y la frecuencia de cambio de las mismas, así como la asignación de roles y permisos a los usuarios. (21)

Además, se deben establecer procedimientos para la gestión de contraseñas, la revocación de permisos de acceso y la monitorización de los intentos de acceso no autorizados.

Para implementar el control de acceso y autorización en una empresa, se pueden seguir los siguientes pasos:

Identificación de los recursos: Identificar los recursos a proteger y la información confidencial dentro de la empresa es un paso crítico en la implementación del control de acceso y autorización. Esto implica clasificar los datos según su nivel de confidencialidad y determinar quiénes tienen acceso a ellos y en qué medida.

La norma ISO/IEC 27001 establece el proceso de identificación de activos, que incluye la identificación de información y recursos críticos, así como la clasificación de activos según su valor, impacto y nivel de confidencialidad. Este proceso permite a las empresas determinar qué recursos y datos son más críticos y requieren mayor protección y control de acceso.

Una vez identificados los recursos y la información crítica, es importante implementar políticas y procedimientos de acceso y autorización. Esto puede incluir la implementación de controles de acceso físicos, como cerraduras, tarjetas de acceso y vigilancia, así como controles de acceso lógicos, como contraseñas, autenticación de dos factores y permisos de usuario.

Evaluación de los riesgos: La evaluación de riesgos es un proceso importante para determinar los posibles riesgos que pueden afectar la seguridad de la información y cómo se pueden abordar. La norma ISO 27001 establece una metodología para realizar la evaluación de riesgos, que incluye los siguientes pasos:

- ***Identificación de activos:*** Es el primer paso en la evaluación de riesgos y consiste en identificar los activos críticos de la organización, como sistemas de información, bases de datos, servidores, aplicaciones y redes. Esto permite a la organización comprender qué activos son los más importantes y por lo tanto, los que deben protegerse con mayor atención.

- ***Identificación de las amenazas:*** implica la evaluación de los posibles eventos o acciones que puedan afectar la seguridad de los activos de la empresa. Esto puede incluir tanto amenazas internas (por ejemplo, empleados deshonestos) como externas (por ejemplo, hackers, competidores malintencionados, etc.). Es importante identificar las amenazas potenciales para que la empresa pueda tomar medidas proactivas para prevenirlas o mitigarlas en caso de que ocurran.

  Una forma común de identificar amenazas es mediante la realización de análisis de riesgos. El análisis de riesgos es un proceso estructurado que implica la identificación de los activos críticos de la empresa, la evaluación de las amenazas potenciales a esos activos, la determinación de la vulnerabilidad de los activos a esas amenazas y la evaluación del impacto potencial de una violación de seguridad en esos activos.

- ***Evaluación de la vulnerabilidad:*** implica la evaluación de los posibles eventos o acciones que puedan afectar la seguridad de los activos de la empresa. Esto puede incluir tanto amenazas internas (por ejemplo, empleados deshonestos) como externas (por ejemplo, hackers, competidores malintencionados, etc.). Es importante identificar las amenazas potenciales para que la empresa pueda tomar medidas proactivas para prevenirlas o mitigarlas en caso de que ocurran.

Una forma común de identificar amenazas es mediante la realización de análisis de riesgos. El análisis de riesgos es un proceso estructurado que implica la identificación de los activos críticos de la empresa, la evaluación de las amenazas potenciales a esos activos, la determinación de la vulnerabilidad de los activos a esas amenazas y la evaluación del impacto potencial de una violación de seguridad en esos activos.

- ***Estimación del riesgo:*** evaluar el riesgo de cada amenaza y determinar su impacto en la empresa.

Una vez identificados los activos, las amenazas y las vulnerabilidades, se debe proceder a estimar el riesgo asociado a cada una de las posibles situaciones. Esto se puede hacer mediante el uso de fórmulas matemáticas, análisis estadísticos y evaluaciones subjetivas. El objetivo es determinar la probabilidad y el impacto de que ocurra cada situación, de modo que se pueda priorizar la asignación de recursos para proteger los activos más críticos.

La estimación del riesgo es un proceso continuo, ya que las amenazas, vulnerabilidades y activos pueden cambiar con el tiempo. Por lo tanto, se debe revisar y actualizar periódicamente la evaluación de riesgos para garantizar que la empresa esté siempre protegida contra las amenazas más recientes.

- ***Identificación de controles:*** identificar y evaluar los controles existentes y determinar si son suficientes para mitigar los riesgos identificados.

La identificación de controles implica la identificación de medidas de seguridad y controles que pueden implementarse para mitigar los riesgos identificados en el proceso de evaluación de riesgos. "*Estos controles deben incluir medidas técnicas, administrativas y físicas para proteger los recursos y la información confidencial de la empresa.*"[22]

Algunos ejemplos de controles que pueden ser considerados incluyen:

Acceso restringido a áreas seguras

Implementación de sistemas de autenticación y autorización

Controles de acceso físico, como cámaras de seguridad y sistemas de alarmas

Copias de seguridad y sistemas de recuperación de desastres

Políticas y procedimientos de seguridad para el manejo de información confidencial

Capacitación y concientización de los empleados sobre la importancia de la seguridad de la información

La selección de controles debe ser adecuada para abordar los riesgos identificados y que se implementen de manera efectiva para garantizar la seguridad de los recursos y la información de la empresa.

- ***Evaluación del riesgo residual:*** evaluar el riesgo residual después de implementar los controles y determinar si es aceptable para la empresa.

Es el proceso de determinar el nivel de riesgo que persiste después de la implementación de los controles de seguridad.

En este proceso, se evalúa el impacto que tendría un evento de seguridad en el negocio y se compara con la probabilidad de que ocurra.

La evaluación del riesgo residual ayuda a las organizaciones a determinar si los controles implementados son adecuados para reducir el riesgo a un nivel aceptable. Si el riesgo residual es demasiado alto, se deben tomar medidas adicionales para mitigarlo.

Se deben realizar evaluaciones periódicas del riesgo residual para garantizar que los controles de seguridad sigan siendo efectivos y para identificar cualquier nueva amenaza o vulnerabilidad que pueda surgir.

- ***Priorización de los riesgos:*** priorizar los riesgos identificados en función de su importancia y probabilidad de ocurrencia.

Una vez evaluados los riesgos y los controles, es importante priorizarlos para enfocar los recursos de la empresa en las áreas más críticas. Es recomendable utilizar un enfoque basado en el riesgo para establecer una jerarquía de prioridades que permita abordar primero los riesgos más significativos y establecer controles adecuados para mitigarlos.

Para priorizar los riesgos, se pueden utilizar diferentes métodos, como el análisis costo-beneficio o la matriz de evaluación de riesgos, que permiten comparar los costos de implementar los controles con los beneficios que se obtienen al reducir el riesgo. También se pueden considerar factores como la probabilidad de ocurrencia y el impacto potencial en la empresa.

La priorización de los riesgos debe ser una actividad continua, ya que los riesgos pueden cambiar con el tiempo debido a cambios en la empresa o en el entorno.

Entre los controles de acceso físicos se pueden incluir:

- Sistemas "inteligentes" de cerraduras, puertas y ventanas.
- Cámaras de seguridad y sistemas de vigilancia.
- Control de acceso mediante tarjetas o llaves electrónicas.

Entre los controles técnicos se pueden incluir:

- Sistemas de autenticación de usuarios, como contraseñas y biometría.
- Cortafuegos, sistemas de detección y prevención de intrusiones sospechosas o no autorizadas.
- Políticas de seguridad para el uso de dispositivos móviles.

Entre los controles administrativos se pueden incluir:

- Asignación de roles y responsabilidades claras para los empleados.
- Políticas y procedimientos claros para el acceso y uso de la información confidencial.
- Capacitación y entrenamiento periódico para los empleados en prácticas de seguridad.

Es importante seleccionar los controles de acceso adecuados según las necesidades de la empresa y los riesgos identificados durante la evaluación de los riesgos.

Definición de roles y responsabilidades: Definir los roles y responsabilidades de los usuarios que tendrán acceso a los recursos y la información.

La definición clara de roles y responsabilidades es esencial para la implementación efectiva del control de acceso y autorización en una empresa. A continuación, se describen algunas recomendaciones para definir roles y responsabilidades:

- ***Identificar los roles:*** se deben identificar los diferentes roles dentro de la empresa y asignar responsabilidades claras y definidas para cada uno. Por ejemplo, el administrador del sistema podría ser responsable de asignar permisos de acceso y autorizar cambios en los permisos.

- ***Establecer las responsabilidades:*** se deben establecer las responsabilidades específicas de cada rol. Esto puede incluir la responsabilidad de crear y mantener las políticas de control de acceso y autorización, supervisar y revisar periódicamente los permisos de acceso y mantener registros precisos de los cambios realizados en los permisos.

- ***Comunicar los roles y responsabilidades:*** es importante comunicar claramente los roles y responsabilidades a todo el personal de la empresa. Esto puede hacerse a través de reuniones de personal, políticas, procedimientos escritos y entrenamiento regular en seguridad de la información.

- ***Asignar un punto de contacto:*** se debe asignar un punto de contacto para manejar las preguntas y preocupaciones relacionadas con el control de acceso y autorización. Este punto de contacto debe tener conocimientos y experiencia en seguridad de la información y estar disponible para responder preguntas y proporcionar asesoramiento.

La definición de roles y responsabilidades debe ser revisada y actualizada regularmente para garantizar que siga siendo relevante además de efectiva en función de los cambios en la organización y en la tecnología de la información.

Creación de políticas y procedimientos: Establecer políticas y procedimientos de seguridad que incluyan el control de acceso con sus respectivas autorizaciones para garantizar que se cumpla con las normas y regulaciones aplicables.

Para implementar un sistema de control de acceso y autorización efectivo, es esencial contar con políticas y procedimientos claros y bien definidos. Estos documentos establecen las reglas, los lineamientos y los requisitos que se deben seguir para garantizar la seguridad de los recursos y la información confidencial.

Las políticas y procedimientos deben incluir:

- Definición de roles y responsabilidades de los empleados involucrados en el proceso de control de acceso y autorización.

- Procedimientos para la gestión de usuarios y la creación de cuentas, incluyendo la aprobación de solicitudes de acceso y la eliminación de cuentas de usuarios que ya no son necesarias.

- Requisitos para la creación y gestión de contraseñas, incluyendo la longitud y complejidad mínimas, la frecuencia de cambio de contraseñas y la prohibición de compartir contraseñas.

- Procedimientos para la autenticación de usuarios, incluyendo la utilización de métodos de autenticación multifactor y la verificación periódica de la identidad del usuario.

- Procedimientos para la gestión de accesos y autorizaciones, incluyendo la asignación de permisos y roles basados en los principios de mínimo privilegio y necesidad de conocer o compartimentación

- Procedimientos para la auditoría y supervisión de los accesos, incluyendo la revisión periódica de los registros de acceso para detectar actividades inusuales o sospechosas.

Las políticas y procedimientos deben ser comunicadas a todo el personal de la empresa, se actualicen regularmente y se hagan cumplir de manera consistente.

Capacitación de los usuarios: Capacitar a los usuarios en las políticas y procedimientos de seguridad y en la importancia del control de acceso y autorización.

La capacitación de los usuarios es un paso importante en la implementación del control de acceso y autorización en la empresa. Los usuarios deben estar familiarizados con las políticas y procedimientos de seguridad de la empresa y ser conscientes de las mejores prácticas de seguridad de la información.

La capacitación debe incluir lo siguiente:

- ***Uso de contraseñas seguras:*** Los usuarios deben saber cómo crear contraseñas seguras y cómo protegerlas.

- ***Prácticas de seguridad en línea:*** Los usuarios deben ser conscientes de los riesgos en línea, como el phishing y el malware, además de saber cómo protegerse.

- ***Uso de dispositivos móviles:*** Los usuarios deben estar informados de las mejores prácticas de seguridad para el uso de dispositivos móviles, como la encriptación de datos y la protección de contraseñas.

- ***Políticas y procedimientos de seguridad:*** Los usuarios deben estar al tanto de las políticas y procedimientos de seguridad de la empresa, incluyendo el control de acceso y autorización, además de saber cómo cumplir con ellos.

- ***Reporte de incidentes de seguridad:*** Los usuarios deben saber cómo reportar incidentes de seguridad a la empresa.

La capacitación debe ser periódica y estar actualizada con las últimas amenazas de seguridad y las mejores prácticas. Además, los usuarios deben ser evaluados regularmente para asegurar que están cumpliendo con las políticas y procedimientos de seguridad de la empresa.

Implementación de la tecnología: es una parte importante del control de acceso y autorización en la empresa. La tecnología puede incluir sistemas de gestión de identidades y accesos (IAM, por sus siglas en inglés), sistemas de autenticación de dos factores, sistemas de control de acceso físico, lógico y otros sistemas de seguridad.

Es importante que la tecnología se integre adecuadamente con los procesos y políticas de la empresa para garantizar una implementación efectiva. Además, es importante que la tecnología se actualice regularmente y se monitoree continuamente para identificar y abordar cualquier problema de seguridad.

Monitoreo y mantenimiento: Monitorear y mantener los sistemas de control de acceso y autorización para garantizar que estén funcionando correctamente y que se ajusten en caso de cambios en la empresa.

Una vez que se han definido los controles de acceso y se han implementado las políticas y los procedimientos, es necesario monitorear y mantener estos controles de manera regular para garantizar su eficacia y eficiencia.

El monitoreo puede realizarse mediante la supervisión del registro de acceso, la realización de pruebas de penetración y la evaluación periódica del sistema. El mantenimiento puede incluir la actualización de los controles de acceso en función de los cambios en la empresa, la aplicación de parches de seguridad y la mejora continua de las políticas y procedimientos.

Se debe contar con personal capacitado y dedicado para llevar a cabo estas tareas de monitoreo y mantenimiento. Además, se deben establecer procedimientos claros para la gestión de incidentes y la respuesta a emergencias de seguridad.

Cómo garantizar la seguridad física y digital de la información confidencial

Para garantizar la seguridad física y digital de la información confidencial, es importante implementar una serie de medidas y controles que permitan proteger los recursos y activos de la empresa. Algunas recomendaciones son:

- ***Control de acceso físico:*** Limitar el acceso a las instalaciones y áreas donde se almacena la información confidencial a solo las personas autorizadas. Esto se puede lograr mediante el uso de cerraduras, tarjetas de acceso y cámaras de vigilancia.

- ***Protección de la red:*** Asegurarse de que la red de la empresa esté protegida con cortafuegos y que se utilicen contraseñas seguras para el acceso a los sistemas y aplicaciones. Además, se pueden utilizar soluciones de seguridad informática como software antivirus y antimalware para proteger los equipos de ataques cibernéticos.

- ***Copias de seguridad:*** Realizar copias de seguridad de la información confidencial en una ubicación segura y fuera del sitio de la empresa. Esto garantizará que la información se pueda recuperar en caso de una pérdida de datos.

- ***Políticas de seguridad:*** Establecer políticas claras y precisas que especifiquen cómo la información confidencial debe ser manejada y protegida en la empresa. Estas políticas serán comunicadas a todo el personal y ser objeto de revisiones regulares para asegurarse de que siguen siendo efectivas.

- ***Actualizaciones y parches:*** Mantener actualizado el software y los sistemas operativos con las últimas actualizaciones y parches de seguridad para evitar vulnerabilidades.

- ***Capacitación del personal:*** Capacitar al personal sobre las prácticas de seguridad informática y la importancia de proteger la información confidencial. Además, se pueden realizar simulaciones de ataques cibernéticos para evaluar la preparación del personal y mejorar las medidas de seguridad.

- ***Auditorías regulares:*** Realizar auditorías periódicas para evaluar la efectividad de las medidas de seguridad implementadas y realizar los ajustes necesarios para mejorar la protección de la información confidencial.

Es importante destacar que la seguridad física y digital de la información confidencial es un proceso continuo que requiere una constante revisión y mejora de las medidas de seguridad implementadas. (23)

Evaluación de riesgos y amenazas

Los riesgos son la posibilidad de que una amenaza explote una vulnerabilidad y pueden tener un impacto negativo en la organización. Una amenaza, por su parte, es cualquier evento o acción que pueda causar un daño o perjuicio a un activo de la organización. Estos términos son comúnmente utilizados en el ámbito de la seguridad de la información y la ciberseguridad.

De acuerdo con el Instituto Nacional de Estándares y Tecnología (NIST, por sus siglas en inglés), los riesgos son la "posibilidad de pérdida o daño a los activos de una organización como resultado de la explotación de una vulnerabilidad por parte de una amenaza" (NIST, 2020). Por otro lado, el mismo instituto define una amenaza como "cualquier circunstancia o evento con el potencial de causar daño a un sistema o a la organización" (NIST, 2020).

La identificación y evaluación de los riesgos y amenazas es esencial para poder desarrollar un plan de seguridad adecuado para la protección de los activos de una organización.

Cómo realizar una evaluación de riesgos y amenazas efectiva

Realizar una evaluación de riesgos y amenazas efectiva implica seguir un proceso metodológico bien estructurado. A continuación, se presenta un resumen de los pasos necesarios para llevar a cabo una evaluación efectiva, así como algunas referencias que pueden servir como guía.

Identificación de activos: Identifique los activos críticos de la organización, como la información confidencial, los sistemas de información, los equipos de red y otros recursos importantes.

Es el primer paso en la evaluación de riesgos y amenazas. Los activos pueden ser tangibles o intangibles y pueden incluir hardware, software, datos, información confidencial, personas y procesos. La identificación de estos activos es crucial para poder evaluar los riesgos y amenazas que pueden afectarlos y desarrollar un plan para protegerlos adecuadamente.

Para identificar los activos, se puede realizar un inventario detallado de los recursos de la empresa, incluyendo los sistemas informáticos, los datos almacenados en ellos, la información confidencial y los procesos comerciales críticos. También es importante identificar a las personas que tienen acceso a estos recursos y sus roles y responsabilidades en relación con la protección de los activos.

Una vez que se han identificado los activos, se pueden clasificar según su importancia y criticidad para la empresa. Esto puede ayudar a determinar la cantidad de recursos que deben asignarse para proteger cada activo y establecer prioridades en el plan de seguridad.

Identificación de las amenazas: Identifique las amenazas que podrían afectar a los activos críticos, como los ataques de malware, los ataques de denegación de servicio (DoS), el robo de información y otros riesgos.

Es el proceso de identificar eventos o circunstancias que podrían causar daño a los activos y recursos de una organización. Estas amenazas pueden provenir de fuentes internas o externas y pueden ser causadas por factores humanos, tecnológicos o ambientales.

Según el Instituto Nacional de Estándares y Tecnología (NIST), algunas categorías de amenazas incluyen:

- *Amenazas naturales*, como incendios, inundaciones, terremotos y tormentas.
- *Amenazas humanas*, como errores humanos, sabotaje, vandalismo, robo y espionaje.

- *Amenazas tecnológicas*, como malware, virus, phishing y ataques de denegación de servicio (DDoS).
- *Amenazas de cumplimiento*, como violaciones de la privacidad y el incumplimiento de los requisitos de regulación.

Es importante tener en cuenta que las amenazas pueden variar según la industria y el tipo de organización.

Evaluación de la vulnerabilidad: Evalúe las vulnerabilidades de los sistemas y recursos de la organización. Las vulnerabilidades sin subsanar son espacios o bugs que pueden ser aprovechados por atacantes.

Es un proceso que implica la identificación de debilidades o brechas en los controles de seguridad de una organización que podrían ser explotadas por amenazas para obtener acceso no autorizado a activos valiosos o para causar daño. La evaluación de la vulnerabilidad es un componente clave en la evaluación de riesgos y en la identificación de controles de seguridad efectivos para proteger activos críticos.

En este proceso, se evalúan los sistemas y controles de seguridad para identificar cualquier debilidad o vulnerabilidad que pueda ser explotada por una amenaza potencial. Se pueden realizar pruebas de penetración para evaluar la capacidad de los controles de seguridad para resistir ataques reales.

También se puede realizar una evaluación de la configuración para garantizar que los sistemas estén configurados de manera segura y se hayan aplicado todas las actualizaciones de seguridad necesarias. Es importante documentar todas las vulnerabilidades identificadas durante la evaluación de la vulnerabilidad para poder abordarlas y mitigar los riesgos.

Estimación del riesgo: Estime el riesgo asociado con cada amenaza identificada. El riesgo es la probabilidad de que una amenaza se materialice y cause daño a un activo.

La estimación del riesgo implica el uso de información recopilada en la identificación de activos, amenazas y vulnerabilidades para determinar la probabilidad y el impacto potencial de los riesgos para el negocio. La estimación del riesgo también ayuda a priorizar los riesgos para que se puedan abordar en el orden de importancia.

Para estimar el riesgo, es necesario calcular la probabilidad de que una amenaza tenga éxito en explotar una vulnerabilidad y el impacto que tendría en el negocio si se materializa el riesgo. Esto se puede hacer mediante la utilización de una matriz de riesgos, que evalúa la probabilidad y el impacto del riesgo en función de una escala numérica.

Es importante destacar que la estimación del riesgo no es una ciencia exacta, sino que es una evaluación subjetiva que se basa en la información disponible y la experiencia del evaluador. Sin embargo, una evaluación de riesgos cuidadosamente realizada puede ser muy útil para identificar y mitigar los riesgos de seguridad.

Algunas técnicas comunes utilizadas para la estimación del riesgo incluyen:

La evaluación de escenarios: es una técnica utilizada para identificar y evaluar posibles situaciones o eventos que podrían afectar la seguridad y la continuidad del negocio. Esta técnica implica la identificación de una variedad de situaciones hipotéticas y la evaluación de su impacto potencial en la empresa.

Para realizar una evaluación de escenarios efectiva, se pueden seguir los siguientes pasos:

- ***Identificar los escenarios:*** Es importante identificar una variedad de situaciones hipotéticas que podrían afectar la seguridad y la continuidad del negocio. Estos escenarios pueden incluir desastres naturales, fallas de infraestructura, amenazas internas y externas, entre otros.

- ***Evaluar el impacto:*** Una vez que se han identificado los escenarios, es necesario evaluar el impacto potencial de cada uno de ellos en la empresa. Esto puede incluir la pérdida de ingresos, la interrupción de los procesos de negocio y la pérdida de datos o información.

- ***Identificar controles:*** Después de evaluar el impacto, se deben identificar los controles existentes que podrían ayudar a mitigar los riesgos asociados con cada escenario. Esto podría incluir políticas y procedimientos, medidas de seguridad físicas, tecnológicas y planes de respuesta a emergencias.

- ***Identificar áreas de mejora:*** Si se identifican áreas donde los controles existentes son insuficientes o inadecuados, se deben proponer áreas de mejora. Esto podría incluir la implementación de nuevos controles o la mejora de los controles existentes.

- ***Priorizar los escenarios:*** Es importante priorizar los escenarios en función de su impacto potencial en la empresa y la probabilidad de que ocurran. Esto ayudará a enfocar los esfuerzos de mitigación en las áreas más críticas.

- ***Revisar y actualizar:*** Finalmente, es importante revisar y actualizar regularmente la evaluación de escenarios para asegurarse de que se sigan identificando y evaluando adecuadamente los riesgos y amenazas.

La revisión de documentación:

La revisión de documentación es una técnica de evaluación de riesgos que consiste en analizar y revisar los documentos y registros relevantes para identificar posibles amenazas y vulnerabilidades en un sistema o proceso. Esta técnica puede ser especialmente útil en la identificación de riesgos en áreas como la seguridad de la información y la seguridad física, donde la documentación y los registros pueden proporcionar una visión detallada de los sistemas y procesos involucrados.

La revisión de documentación puede incluir la revisión de políticas y procedimientos, registros de auditoría, registros de acceso a sistemas, informes de incidentes de seguridad y cualquier otra documentación relevante. Esta técnica puede ayudar a identificar vulnerabilidades y amenazas que de otra manera podrían pasar desapercibidas en una evaluación de riesgos basada únicamente en la observación directa.

La revisión de documentación debe ser complementada con otras técnicas de evaluación de riesgos, como la evaluación de escenarios y la evaluación de vulnerabilidades, para garantizar una evaluación completa y efectiva de los riesgos en un sistema o proceso.

La realización de entrevistas: La realización de entrevistas es otra técnica útil para realizar una evaluación de riesgos y amenazas efectiva. A través de las entrevistas, se puede obtener información importante sobre posibles riesgos y amenazas que de otra manera podrían pasar desapercibidos.

Las entrevistas deben ser realizadas a personal clave de la empresa que tenga conocimiento sobre los activos y sistemas críticos de la organización, así como a expertos en seguridad informática y física. Durante las entrevistas, es importante hacer preguntas específicas sobre posibles riesgos, amenazas y cómo se pueden mitigar.

Es importante que las entrevistas sean realizadas de manera confidencial y que se tomen medidas para proteger la información obtenida durante el proceso de evaluación de riesgos y amenazas.

Pruebas técnicas: son una forma de evaluar los riesgos mediante la simulación de ataques o intentos de acceso no autorizado a los activos de la organización. Estas pruebas pueden incluir la realización de pruebas de penetración en sistemas informáticos, pruebas de seguridad en redes, aplicaciones y pruebas de vulnerabilidad en dispositivos de hardware.

Estas pruebas deben ser realizadas por personal capacitado y autorizado, ya que pueden causar interrupciones en el funcionamiento de los sistemas o exponer información confidencial. Además, se debe tener cuidado de no violar leyes o regulaciones durante la realización de estas pruebas.

Identificación de controles: Identifique los controles que se pueden implementar para mitigar los riesgos. Los controles pueden incluir medidas de seguridad física y digital, políticas y procedimientos de seguridad, tecnologías de seguridad y programas de capacitación.

se refiere a la identificación de las medidas que pueden implementarse para mitigar los riesgos y amenazas identificadas en la evaluación de riesgos. Estos controles pueden ser técnicos, físicos o administrativos y su objetivo es minimizar la probabilidad de que una amenaza se materialice o reducir su impacto si llegara a suceder.

Es importante tener en cuenta que la selección de controles debe basarse en el análisis de riesgos y en las necesidades específicas de la organización. Algunos ejemplos de controles que se pueden implementar incluyen:

- Control de acceso físico a las instalaciones.

- Control de acceso lógico a los sistemas de información.
- Encriptación de datos sensibles.
- Implementación de firewalls y sistemas de detección de intrusiones.
- Capacitación y concientización del personal sobre buenas prácticas de seguridad.

Es recomendable implementar múltiples controles para garantizar una protección adecuada de los activos de la organización y mitigar los riesgos identificados durante la evaluación.

Evaluación del riesgo residual: Evalúe el riesgo residual después de implementar los controles de seguridad.

Una vez que se han identificado los controles existentes y se han estimado sus efectos en la reducción de los riesgos, se debe realizar una evaluación del riesgo residual. El riesgo residual se refiere al nivel de riesgo que queda después de que se han implementado los controles existentes.

Para evaluar el riesgo residual, se deben realizar los siguientes pasos:

- Identificar los riesgos que aún existen después de la implementación de los controles existentes.
- Estimar la probabilidad de que ocurran los riesgos restantes.
- Estimar el impacto que tendrían estos riesgos si ocurrieran.
- Estimar el nivel de riesgo residual.

- Decidir si se necesitan controles adicionales para reducir aún más el riesgo residual.

Tenga en cuenta que siempre habrá algún nivel de riesgo residual, ya que es imposible eliminar todos los riesgos por completo. Por lo tanto, se deben establecer niveles aceptables de riesgo y tomar medidas adicionales para reducirlo si el nivel residual es demasiado alto.

La evaluación del riesgo residual es una parte crítica de la evaluación de riesgos y es esencial para garantizar la eficacia de los controles de seguridad existentes y para tomar decisiones informadas sobre la implementación de controles adicionales.

Priorización de los riesgos: Priorice los riesgos en función de su impacto potencial en la organización y la probabilidad de que ocurran.

La etapa de priorización es crucial dentro de la evaluación de riesgos, ya que permite identificar los riesgos más relevantes y críticos que deben ser tratados en primer lugar. Para priorizar los riesgos, se pueden utilizar diferentes enfoques, como la matriz de riesgos, que involucra la evaluación del impacto y la probabilidad de cada riesgo.

Otro enfoque es la evaluación de riesgos basada en el valor, que involucra la evaluación del impacto financiero de cada riesgo. También es posible priorizar los riesgos según su criticidad para el negocio o la probabilidad de ocurrencia.

En general, la priorización de los riesgos debe ser una decisión informada que tenga en cuenta el impacto potencial del riesgo en la organización, la probabilidad de ocurrencia y la capacidad de la de reacción para mitigar el riesgo.

Plan de tratamiento de riesgos: Desarrolle un plan para tratar los riesgos identificados. El plan debe incluir medidas para mitigar los riesgos, asignar responsabilidades, establecer un cronograma para la implementación y definir los criterios de éxito.

El plan de tratamiento de riesgos es la última etapa del proceso de evaluación de riesgos. Una vez que se han identificado las amenazas, evaluado la vulnerabilidad y estimado el riesgo, se deben tomar medidas para reducir o eliminar los riesgos identificados.

Para crear un plan de tratamiento de riesgos eficaz, es necesario llevar a cabo los siguientes pasos:

1. ***Identificar los controles existentes:*** Se deben revisar los controles actuales y determinar si son adecuados para mitigar los riesgos identificados.

   Identificar los controles existentes implica revisar todas las medidas de seguridad que ya se han implementado en la organización para reducir las amenazas registradas en la evaluación de riesgos. Estos controles pueden ser físicos, técnicos o administrativos y pueden incluir cosas como sistemas de seguridad de acceso, cortafuegos, políticas de seguridad y capacitación del personal en seguridad de la información.

   Debe identificar estos controles para asegurarse que se estén utilizando de manera efectiva y para determinar si hay lagunas en la cobertura de seguridad que necesitan ser abordadas.

2. ***Identificar los nuevos controles necesarios:*** Si los controles existentes no son suficientes para reducir los riesgos identificados a un nivel aceptable, se deben identificar y desarrollar nuevos controles.

Después de identificar los controles existentes y evaluar su efectividad, es posible que se determinen nuevas medidas de seguridad que sean necesarias para reducir aún más el riesgo residual. Estos nuevos controles pueden incluir, por ejemplo, la implementación de medidas de seguridad física adicionales, la adopción de nuevas políticas y procedimientos o la implementación de tecnologías más avanzadas de protección de datos.

Cualquier nuevo control debe ser efectivo para reducir el riesgo a un nivel aceptable y que también debe ser viable desde una perspectiva de costo y recursos. Por lo tanto, es importante llevar a cabo una evaluación cuidadosa y exhaustiva de cualquier nuevo control propuesto antes de su implementación.

3. ***Desarrollar un plan de acción:*** Una vez que se han identificado los nuevos controles necesarios, se debe desarrollar un plan de acción detallado para implementar los nuevos controles.

El plan de acción debe establecer los siguientes puntos:

a) Priorización de los controles a implementar o mejorar, según su efectividad y costo-beneficio.

b) Definición de los responsables de implementar y monitorear los controles.

c) Establecimiento de un cronograma para la implementación de los controles.

d) Identificación de los recursos necesarios para la implementación de los controles.

e) Establecimiento de medidas de seguimiento y evaluación de la efectividad de los controles implementados.

El plan de acción debe ser realista, detallado y cuente con el respaldo y compromiso de la alta dirección de la empresa.

4. ***Asignar responsabilidades:*** Se deben asignar responsabilidades claras para la implementación de los nuevos controles.

Una vez desarrollado el plan de acción, se deben asignar responsabilidades para garantizar que se implementen los controles necesarios de manera efectiva. Esto implica designar personas específicas para llevar a cabo cada tarea del plan, así como establecer fechas límite para su realización.

Es recomendable que los responsables de implementar los controles reciban capacitación y recursos adecuados para llevar a cabo sus tareas de manera efectiva. Además, es importante establecer un sistema de seguimiento y monitoreo para asegurarse de que se cumplan las fechas límite y que los controles estén funcionando de manera adecuada.

5. ***Establecer un calendario:*** Se debe establecer un calendario realista para la implementación de los nuevos controles.

Después de identificar los controles necesarios y desarrollar un plan de acción, se establecerá un calendario para la implementación de los controles y el seguimiento del progreso. El calendario debe incluir fechas límite específicas para la implementación de cada control y para la revisión periódica de los mismos.

El director del proyecto debe crear un modelo o método para asegurarse de que el calendario sea realista, factible y que tenga en cuenta los recursos disponibles y las limitaciones de tiempo. Además, el calendario debe ser comunicado claramente a todos los involucrados en la implementación de los controles y se debe monitorear su cumplimiento para asegurar que se cumplan las fechas límite establecidas.

6. ***Establecer un presupuesto:*** Se deben identificar los costos asociados con la implementación de los nuevos controles y establecer un presupuesto.

   Es un paso importante en la implementación del plan de tratamiento de riesgos. Es necesario tener en cuenta los costos asociados con la adquisición, implementación y mantenimiento de los controles necesarios para mitigar los riesgos identificados. Es recomendable realizar una estimación detallada de los costos y asignar un presupuesto adecuado para asegurar que el plan sea efectivo y sostenible en el tiempo.

   La seguridad de la información es una inversión a largo plazo y que los gastos o costos asociados con su implementación son menores que los costos o gastos de una brecha de seguridad. Por lo tanto, es recomendable asignar un presupuesto adecuado y asegurar que los recursos estén disponibles para implementar el plan de tratamiento de riesgos de manera efectiva.

7. ***Establecer un plan de monitoreo y revisión:*** Se debe establecer un plan para monitorear la efectividad de los nuevos controles y revisar regularmente el plan de tratamiento de riesgos para asegurarse de que siga siendo efectivo.

Después de implementar los controles y medidas de seguridad, en necesario establecer un plan de monitoreo y revisión para asegurar que se mantengan efectivos y se ajusten a los cambios en el entorno de la organización. Esto implica monitorear regularmente los controles de seguridad para detectar posibles brechas o fallos en el sistema y realizar revisiones periódicas para garantizar que los controles sigan siendo apropiados y efectivos.

Asegurarse de que el personal encargado del monitoreo y revisión tenga el conocimiento y la experiencia adecuados para evaluar la efectividad de los controles de seguridad. También es importante establecer un proceso formal para documentar cualquier problema o incidente de seguridad, así como para implementar medidas correctivas y preventivas.

La evaluación de riesgos y amenazas debe ser un proceso continuo y en constante evolución, ya que las amenazas y los riesgos cambian con el tiempo y la tecnología.(24)

Cómo implementar medidas de seguridad adecuadas según los resultados de la evaluación

Como conclusión de este capítulo, la implementación de medidas de seguridad adecuadas es fundamental para proteger los activos y la información confidencial de una organización. Una evaluación de riesgos y amenazas efectiva es el primer paso para identificar las áreas vulnerables y los controles necesarios. Sin embargo, la implementación de controles de seguridad no es una tarea fácil y requiere una cuidadosa planificación y ejecución. En esta sección, se presentarán algunas medidas de seguridad que se pueden implementar en función de los resultados de la evaluación de riesgos y amenazas.

Para implementar medidas de seguridad adecuadas según los resultados de la evaluación de riesgos, se deben seguir algunos pasos clave:

Identificar las áreas críticas y los activos más valiosos: esto permitirá enfocar los esfuerzos y los recursos de manera efectiva.

La identificación de áreas críticas y activos más valiosos es el primer paso para implementar medidas de seguridad adecuadas en una organización. Es importante conocer los recursos que deben protegerse, ya que de esta manera se puede determinar qué medidas de seguridad son necesarias y cómo se deben implementar. Además, esta identificación permite establecer prioridades en cuanto a la asignación de recursos para la implementación de las medidas de seguridad.

Entre las áreas críticas y activos más valiosos que deben identificarse se encuentran: la información confidencial, sistemas informáticos, instalaciones físicas, recursos humanos y financieros, entre otros. Cada organización debe evaluar cuáles son los activos más importantes para su funcionamiento y establecer medidas de seguridad para protegerlos.

La identificación de áreas críticas y activos valiosos debe realizarse de manera constante, ya que pueden cambiar con el tiempo debido a diferentes factores como el crecimiento de la organización o cambios en el mercado. Por lo tanto, la evaluación de riesgos debe ser un proceso continuo para mantener la seguridad de la organización actualizada.

Seleccionar los controles de seguridad apropiados: se deben seleccionar los controles que sean efectivos para mitigar los riesgos identificados en la evaluación.

Una vez que se han identificado los riesgos y amenazas y se ha evaluado la vulnerabilidad, es importante seleccionar los controles de seguridad apropiados para proteger los activos críticos y valiosos de la organización. Existen diversos tipos de controles que pueden ser implementados, incluyendo controles físicos, técnicos y administrativos. La selección de los controles debe ser basada en los resultados de la evaluación de riesgos y amenazas y considerando también el presupuesto y recursos disponibles.

Los controles físicos incluyen medidas como la instalación de cámaras de seguridad, sistemas de alarmas y controles de acceso a edificios, salas de servidores y archivos o bodegas con equipo y/o material sensible. Los controles técnicos pueden incluir la implementación de firewalls, sistemas de detección de intrusiones y cifrado de datos. Los controles administrativos incluyen políticas y procedimientos, capacitación de empleados y auditorías de seguridad.

Cuando quiera implementar algún control, siempre se debe seleccionar los adecuados para cada área crítica y activo valioso, así mismo, evaluar regularmente su efectividad para asegurar que continúen proporcionando la protección necesaria.

Desarrollar políticas y procedimientos: es necesario establecer políticas y procedimientos claros para guiar el uso y mantenimiento de los controles de seguridad.

Desarrollar políticas y procedimientos es otra medida importante para implementar medidas de seguridad adecuadas. Las políticas son declaraciones formales que establecen las expectativas, responsabilidades y requisitos de la organización en cuanto a la seguridad de la información. Los procedimientos son instrucciones detalladas sobre cómo se deben llevar a cabo las actividades específicas para robustecer la seguridad de la información. Ambos son necesarios y tienen como función garantizar que la seguridad de la información sea consistente y efectiva en toda la organización.

Las políticas y los procedimientos pueden abordar una variedad de temas de seguridad, como el acceso a la información, la gestión de contraseñas, la gestión de parches y actualizaciones, el correcto manejo de incidentes de seguridad y la protección de la propiedad intelectual. Es importante que estos documentos sean claros, concisos y estén disponibles para todo el personal relevante.

Para desarrollar políticas y procedimientos efectivos, es importante que la organización cuente con un equipo de seguridad de la información capacitado y experimentado. Estos profesionales pueden asesorar de manera profesional y adecuada sobre las mejores prácticas de seguridad y ayudar a garantizar que las políticas y procedimientos sean adecuados para la organización.

Capacitar a los usuarios: todos los usuarios deben recibir capacitación en las políticas y procedimientos de seguridad para garantizar su efectividad.

La capacitación de los usuarios es un aspecto crítico en la implementación de medidas de seguridad adecuadas. "Los usuarios son el eslabón más débil en la cadena de seguridad, por lo que deben ser conscientes de los riesgos y saber cómo evitarlos"(25). Es significativo que se les proporcione una formación completa sobre las políticas y procedimientos de seguridad de la organización, así como sobre el uso adecuado de los sistemas y aplicaciones informáticas. También se les debe informar de los riesgos potenciales y de las prácticas de seguridad recomendadas, para que puedan tomar decisiones informadas y ayudar a proteger la información confidencial.

La capacitación o entrenamiento también debe incluir simulaciones y ejercicios para que los usuarios puedan practicar la detección y prevención de ataques y vulnerabilidades, como phishing y malware, entre otros tantos. La capacitación continua es fundamental para garantizar que los usuarios estén actualizados y sean conscientes de las últimas amenazas y prácticas de seguridad.

Monitorear y mantener los controles: se deben monitorear y mantener regularmente los controles de seguridad para asegurarse que sigan siendo efectivos y se adapten a los cambios en el entorno de riesgo.

Una vez implementados los controles de seguridad, hay que monitorearlos y mantenerlos de manera constante para asegurar su eficacia y eficiencia a lo largo del tiempo. Esto implica llevar a cabo revisiones regulares para verificar que los controles estén funcionando de manera adecuada, detectar posibles fallos o debilidades y realizar las correcciones necesarias.

Además, se debe mantener actualizadas las políticas y procedimientos de seguridad para corroborar que sigan siendo relevantes y efectivos. Esto puede incluir la revisión y actualización de contraseñas, la implementación de parches de seguridad, la actualización de software, hardware y la capacitación continua de los usuarios.

Por último, hay que contar con un plan de respuesta ante incidentes que establezca los procedimientos a seguir en caso de una violación de seguridad o de una amenaza a los activos críticos. Este plan debe ser actualizado regularmente y conocido por todo el personal involucrado en la seguridad de la información.

Recuerde siempre que la implementación de medidas de seguridad no es un proceso estático, sino que debe ser revisado y actualizado regularmente en función de los cambios en el entorno de riesgo y la tecnología disponible. (26)

Capítulo 12
Colaboración con las fuerzas del orden

La cooperación con las fuerzas del orden es una práctica esencial para garantizar la seguridad de las empresas y las comunidades. Es importante que las compañías colaboren con las fuerzas del orden para detectar, prevenir y responder a los posibles incidentes de seguridad. Esta cooperación puede ser beneficiosa para las empresas, ya que les permite comprender mejor las amenazas a las que se enfrentan y diseñar medidas de seguridad más eficaces. A continuación, se presentarán algunas prácticas recomendadas para la colaboración con las fuerzas del orden, respaldadas por la investigación y las mejores prácticas en la materia (Layton, 2018; US Department of Homeland Security, 2018).

Cómo colaborar con las fuerzas del orden

El espionaje industrial es una práctica que puede afectar gravemente a una empresa y su capacidad para competir en el mercado. En casos extremos, puede incluso poner en peligro la seguridad nacional. Por esta razón, las empresas deben crear protocolos para colaborar con las instituciones o fuerzas gubernamentales en la lucha contra el espionaje industrial.

Estas acciones debes adelantar para colaborar efectivamente con las autoridades competentes en este tema:

Identificar y reportar las actividades sospechosas: La empresa debe estar atenta a cualquier actividad sospechosa, ya sea en sus instalaciones o en línea. Si se sospecha de una actividad de espionaje industrial, se debe informar de inmediato a las autoridades competentes. Esto puede ayudar a prevenir daños a la empresa y a otras organizaciones.

Proporcionar información relevante: Es importante que la empresa proporcione toda la información relevante a las autoridades competentes. Esto puede incluir información sobre la actividad sospechosa, así como información sobre los posibles perpetradores. La colaboración de la empresa puede ser clave para identificar y detener a los responsables.

Cooperar en la investigación: Si se abre una investigación sobre una actividad de espionaje industrial, es importante que la empresa coopere plenamente con las autoridades. Esto puede incluir proporcionar acceso a los registros de la empresa y permitir que los investigadores realicen entrevistas a los empleados relevantes.

Proteger la información confidencial: La empresa debe tomar medidas para proteger su información confidencial. Esto puede incluir la implementación de medidas de seguridad físicas y digitales, así como el entrenamiento y capacitación de los empleados en materia de seguridad de la información.

Buscar asesoramiento legal: La empresa debe buscar asesoramiento legal para asegurarse que está cumpliendo con todas las leyes y regulaciones relevantes en la colaboración con las fuerzas del orden. También puede ser útil contar con un abogado especializado en espionaje industrial para que brinde asesoría en la implementación de medidas de seguridad y en la colaboración con las autoridades competentes.

Colaborar con las fuerzas del orden es una parte importante de la lucha contra el espionaje industrial. Al estar atentos a las actividades sospechosas, proporcionar información relevante, cooperar en la investigación, proteger la información confidencial y buscar asesoramiento legal, las empresas pueden ayudar a prevenir daños a su organización y contribuir a la seguridad nacional.

Protocolos de colaboración

Cuando se trata de colaborar con las fuerzas del orden en un caso de espionaje industrial, es importante seguir los protocolos y procedimientos adecuados para garantizar que la colaboración sea efectiva y se respeten los derechos y privacidad de todas las partes involucradas.

Existen varias formas de protocolos de colaboración, que pueden variar según el país y la agencia de seguridad involucrada. Estos son algunos ejemplos:

Protocolo de intercambio de información: Este protocolo establece los procedimientos para el intercambio de información entre la empresa afectada y las fuerzas del orden. Incluye detalles sobre qué información se compartirá, cómo se compartirá y cómo se protegerá la información confidencial.

El Protocolo de intercambio de información es un conjunto de reglas y procedimientos que se establecen para garantizar la colaboración efectiva entre las empresas y las fuerzas del orden en la lucha contra el espionaje industrial. Algunas de las características que debe tener este protocolo son:

- ***Confidencialidad:*** se debe establecer un nivel de confidencialidad adecuado para la información compartida entre las partes.

- ***Responsabilidades claras:*** es necesario definir las responsabilidades de cada una de las partes involucradas en el intercambio de información.

- ***Canales de comunicación seguros:*** se deben establecer canales de comunicación seguros y protegidos para evitar la filtración de información confidencial.

- ***Frecuencia del intercambio de información:*** se debe establecer la frecuencia del intercambio de información y la forma en que se compartirá.

- ***Criterios para la selección de información:*** se deben establecer criterios claros para la selección de la información que se compartirá entre las partes.
- ***Procedimientos para el manejo de la información***: se deben establecer procedimientos claros para el manejo de la información compartida y el almacenamiento seguro de la misma.
- ***Protección de datos personales:*** se deben respetar las normas y regulaciones existentes para la protección de datos personales.

El Protocolo de intercambio de información debe ser desarrollado de manera conjunta entre las empresas y las fuerzas del orden y debe ser revisado periódicamente para asegurarse de que sigue siendo efectivo y se ajusta a las necesidades de ambas partes.

Protocolo de investigación conjunta: El Protocolo de Investigación Conjunta (PIC) es una herramienta que permite la colaboración entre las empresas afectadas y las fuerzas del orden para llevar a cabo una investigación conjunta en casos de espionaje industrial. Algunas de las características de este protocolo son:

- ***Confidencialidad:*** Todos los participantes en la investigación deben mantener la confidencialidad de la información compartida durante el proceso.
- ***Claridad de roles:*** Cada participante debe tener un papel claramente definido en la investigación para evitar confusiones y asegurar que se alcancen los objetivos establecidos.
- ***Comunicación constante:*** Es importante que se mantenga una comunicación fluida entre los participantes durante todo el

proceso de investigación para compartir información relevante y tomar decisiones de forma conjunta.

- ***Recopilación de pruebas:*** Tanto las empresas afectadas como las fuerzas del orden deben trabajar juntas para recopilar pruebas y asegurar que se utilicen de forma adecuada en el proceso legal.

- ***Evaluación de riesgos:*** Es esencial llevar a cabo una evaluación de riesgos antes de iniciar cualquier investigación, ya que permite identificar y evaluar los posibles peligros asociados y definir las medidas de seguridad apropiadas que deben tomarse.

- ***Acuerdo previo***: Antes de comenzar la investigación, todos los participantes deben estar de acuerdo con los términos y condiciones establecidos en el PIC para garantizar una colaboración efectiva y evitar conflictos.

Protocolo de protección de datos:

El Protocolo de protección de datos es una herramienta fundamental para la colaboración entre empresas y fuerzas del orden en la lucha contra el espionaje industrial. Algunas de sus características son:

- ***Confidencialidad:*** El protocolo establece medidas para garantizar la confidencialidad de la información compartida entre las partes. Se establecen los niveles de clasificación y protección de los datos y se define quiénes pueden acceder a ellos.

- ***Acuerdo previo:*** Antes de compartir cualquier información, se debe establecer un acuerdo previo entre las partes, donde se detallan los objetivos de la colaboración, los datos que se van a compartir, los procedimientos de acceso y los límites de la colaboración.

- ***Protección de datos personales:*** El protocolo debe garantizar la protección de los datos personales de los empleados y clientes de las empresas. Se establecen los procedimientos para cumplir con las normativas vigentes sobre protección de datos.
- ***Procedimientos de notificación:*** Se establecen los procedimientos para notificar a la otra parte en caso de una violación de seguridad o una actividad sospechosa.
- ***Vigilancia:*** El protocolo establece la vigilancia y el monitoreo para garantizar el cumplimiento de las medidas de seguridad establecidas y la protección de la información compartida.

El Protocolo de protección de datos es una herramienta importante para la colaboración efectiva entre las empresas y las fuerzas del orden en la lucha contra el espionaje industrial.

Estos protocolos pueden variar según el país y la agencia de seguridad involucrada. Es importante asegurarse de que los protocolos utilizados sean los adecuados y se adapten a la situación específica.

Ejemplos de colaboración exitosa

En el marco del espionaje industrial, la colaboración entre las empresas y las fuerzas del orden puede resultar crucial para la protección de los activos y la prevención de pérdidas económicas significativas. En la actualidad, existen diversos ejemplos de colaboración exitosa entre empresas y autoridades en la lucha contra el espionaje industrial. Estos ejemplos demuestran la importancia de la cooperación y el intercambio de información para la protección de la propiedad intelectual y el conocimiento empresarial. Estos son algunos casos destacados de colaboración exitosa en la lucha contra el espionaje industrial.

1. En 2016, el FBI trabajó en colaboración con la empresa de tecnología Akamai Technologies para investigar a un empleado deshonesto que estaba vendiendo secretos comerciales a una empresa china. El empleado, que trabajaba en la división de seguridad, había estado proporcionando información confidencial sobre los productos de seguridad de la empresa a una empresa china durante varios años.

   La colaboración entre el FBI y Akamai resultó en la captura del empleado y la recuperación de la información robada. La cooperación y la rapidez en la respuesta fueron cruciales para evitar una mayor pérdida de propiedad intelectual y proteger la seguridad nacional.

2. En 2017, se descubrió un plan de espionaje industrial chino para robar secretos comerciales de una empresa de tecnología estadounidense. Varias agencias de inteligencia de los Estados Unidos, incluyendo la Oficina Federal de Investigaciones (FBI), la Agencia de Seguridad Nacional (NSA) y el Departamento de Seguridad Nacional (DHS), colaboraron para frustrar el plan y prevenir el robo de propiedad intelectual valiosa. Las agencias de inteligencia trabajaron en conjunto para recopilar y analizar información, identificar a los perpetradores y desarrollar medidas de protección adecuadas.

   La colaboración entre las agencias de inteligencia fue fundamental para el éxito de la operación. La coordinación y el intercambio de información permitieron a las agencias identificar y detener a los sospechosos antes de que pudieran robar la propiedad intelectual de la empresa de tecnología estadounidense. La colaboración también permitió a las agencias desarrollar medidas de protección adicionales para prevenir futuros intentos de espionaje industrial. (27)

3. En 2019, las autoridades canadienses trabajaron en colaboración con sus homólogos estadounidenses para arrestar a una mujer china que intentaba robar secretos comerciales de una empresa de aviación canadiense, según informes de Reuters. La mujer había sido empleada por la empresa y había intentado llevarse consigo información confidencial antes de renunciar a su trabajo. Sin embargo, la empresa sospechó de sus actividades y alertó a las autoridades, lo que permitió a la policía canadiense y al FBI trabajar juntos para capturar a la mujer en un aeropuerto de Nueva Jersey. Este caso destacó la importancia de la colaboración internacional en la lucha contra el espionaje industrial y la protección de los secretos comerciales de las empresas.

4. En 2018, una empresa de fabricación de semiconductores trabajó en colaboración con el FBI para detener a un empleado deshonesto que estaba robando diseños de chips para su beneficio personal. La empresa descubrió la actividad sospechosa del empleado y alertó al FBI, que inició una investigación. Trabajando juntos, la empresa y el FBI pudieron recopilar pruebas y demostrar la actividad ilegal del empleado. Como resultado, el empleado fue arrestado y acusado de delitos relacionados con el robo de propiedad intelectual.

   Esta colaboración exitosa permitió a la empresa proteger sus diseños de chips valiosos y prevenir pérdidas financieras significativas. Además, envió un mensaje claro a otros empleados de la empresa y de otras empresas que el robo de propiedad intelectual es un delito grave que tendrá consecuencias legales graves.

5. En 2015, una empresa de tecnología estadounidense colaboró con el Departamento de Justicia de los Estados Unidos para desmantelar una operación de piratería informática china que tenía como objetivo robar secretos comerciales y propiedad intelectual. La colaboración incluyó la identificación y el análisis de las tácticas de los hackers, así como la recopilación de pruebas y la coordinación con las autoridades estadounidenses para presentar cargos criminales contra los responsables de la operación.

   La empresa de tecnología proporcionó información crítica sobre el malware utilizado por los piratas informáticos, lo que permitió a las autoridades identificar y detener a los sospechosos. La colaboración también incluyó la implementación de medidas de seguridad adicionales para proteger los sistemas de la empresa contra futuros ataques.

6. En 2020, las autoridades estadounidenses y europeas trabajaron juntas en una operación para detener una conspiración de espionaje industrial destinada a robar secretos comerciales de empresas farmacéuticas. La operación, denominada "Operation Pangea XIII", involucró a la Interpol, la FDA de EE. UU. y otras agencias de aplicación de la ley de todo el mundo.

   Los delincuentes utilizaron una variedad de técnicas de ingeniería social y ciberataques para acceder a los sistemas de las empresas farmacéuticas y robar información valiosa. Las autoridades lograron rastrear la conspiración y arrestar a varios individuos en diferentes partes del mundo.

   La colaboración exitosa entre las autoridades estadounidenses y europeas en esta operación demuestra la importancia de trabajar juntos en la lucha contra el espionaje industrial. La coordinación y el intercambio de información entre las agencias de aplicación de la ley son fundamentales para proteger los secretos comerciales de las empresas y preservar la integridad de la economía global. (28)

Capítulo 13

Cómo investigar y documentar un incidente de espionaje industrial

El espionaje industrial es una práctica cada vez más común en el mundo de los negocios, que puede causar graves daños a las empresas afectadas. Por lo tanto, es fundamental que las empresas sepan cómo detectar, investigar y documentar un incidente de espionaje industrial para poder tomar medidas adecuadas y proteger sus intereses. En este capítulo se presentarán los pasos clave que deben seguirse para llevar a cabo una investigación y documentación exitosas de un incidente de espionaje industrial. Se explicarán las mejores prácticas para recopilar evidencia, evaluar su importancia, proteger la confidencialidad de la información y tomar acciones apropiadas para prevenir futuros incidentes.

Importancia de investigar y documentar incidentes de espionaje industrial

La investigación y documentación de incidentes de espionaje industrial es de vital importancia para las empresas, ya que les permite conocer las debilidades de su seguridad y tomar medidas para proteger sus secretos comerciales. Además, puede ayudarles a identificar y perseguir a los infractores, reducir el riesgo de futuros ataques y en última instancia, proteger su reputación y rentabilidad.

Un informe de PwC sobre el costo del crimen corporativo en 2018 encontró que las empresas que fueron víctimas de delitos relacionados con la propiedad intelectual perdieron un promedio de 4,6% de sus ingresos globales. Además, el costo promedio de una investigación de este tipo puede oscilar entre los 25.000 y los 500.000 dólares, según el tamaño de la empresa y la complejidad del caso.

Por lo tanto, es crucial que las empresas se tomen en serio la investigación y documentación de los incidentes de espionaje industrial y trabajen en colaboración con las autoridades pertinentes para garantizar que los infractores sean responsables de sus acciones y se tomen medidas preventivas para evitar futuros ataques.

Preparación para realizar una investigación de espionaje industrial

La preparación para realizar una investigación de espionaje industrial es crucial para recopilar información valiosa y prevenir futuros incidentes. A continuación, se presentan algunos pasos clave para prepararse para una investigación:

Conozca la industria: es importante tener un conocimiento profundo de la industria en la que se encuentra su empresa y las posibles amenazas de espionaje industrial que puedan existir. Esto incluye conocer a los competidores y las tendencias del mercado.

Es un paso crucial en la preparación para realizar una investigación de espionaje industrial. Al tener un conocimiento sólido de la industria, los investigadores pueden identificar mejor los riesgos y vulnerabilidades específicos que enfrenta la empresa, lo que les permite diseñar una estrategia de investigación más efectiva. Además, al conocer la industria, los investigadores pueden establecer contactos y asociaciones con expertos en la materia, lo que puede ser de gran ayuda durante la investigación.

Por ejemplo, si la empresa objetivo es una compañía farmacéutica, los investigadores deberían tener un conocimiento profundo de la industria farmacéutica, incluyendo las leyes y regulaciones que la rigen, los principales competidores en el mercado y las tendencias actuales. Además, deberían establecer contacto con expertos en la materia, como farmacólogos, investigadores médicos y profesionales de la salud, para obtener información valiosa y consejos durante la investigación. (29)

Identifique los activos críticos: identifique los activos críticos de su empresa, como la propiedad intelectual, la información de los clientes y los secretos comerciales. Esto le ayudará a centrarse en la protección de los activos más importantes y a establecer medidas de seguridad adecuadas.

Para identificar los activos críticos en una investigación de espionaje industrial, es necesario tener una comprensión clara de los recursos y datos valiosos de la empresa que podrían ser objetivo de un ataque. Los activos críticos pueden incluir información de propiedad intelectual, datos financieros, información de clientes y proveedores, planes estratégicos, tecnologías patentadas, entre otros.

Para identificar y proteger los activos críticos, es importante realizar una evaluación de riesgos de seguridad, identificar los puntos débiles en la seguridad y determinar las mejores prácticas para proteger los recursos y la información de la empresa.

Es importante destacar que la identificación de activos críticos no solo es útil para la prevención de incidentes de espionaje industrial, sino que también puede mejorar la gestión y protección general de la información empresarial.

Establezca medidas de seguridad: establezca medidas de seguridad para proteger los activos críticos de su empresa, como la implementación de políticas de seguridad y la capacitación de los empleados en la protección de información confidencial.

Para establecer medidas de seguridad eficaces en la prevención del espionaje industrial, se deben considerar los siguientes aspectos:

- ***Identificación de los riesgos:*** es necesario conocer las amenazas a las que está expuesta la empresa y sus activos críticos para poder establecer medidas de seguridad adecuadas.

- ***Implementación de políticas de seguridad:*** se deben establecer políticas de seguridad claras y concretas, que incluyan el acceso a la información, la protección de los datos y el monitoreo de los sistemas.

- ***Formación y concienciación:*** es fundamental que todos los empleados de la empresa reciban una formación adecuada sobre los riesgos del espionaje industrial y la importancia de mantener la seguridad de la información.
- ***Control de acceso:*** es necesario establecer un control de acceso a los activos críticos de la empresa y limitar el acceso solo al personal autorizado.
- ***Seguridad física:*** se deben establecer medidas de seguridad física en las instalaciones de la empresa, como cámaras de seguridad, sistemas de alarma y control de accesos.
- ***Protección de la información:*** se deben establecer medidas de protección de la información, como la encriptación de los datos y el uso de contraseñas seguras.
- ***Monitoreo y auditoría:*** es necesario monitorear y auditar los sistemas de la empresa de manera regular para detectar posibles vulnerabilidades y garantizar la seguridad de los activos críticos.

Establecer medidas de seguridad efectivas puede ayudar a prevenir el espionaje industrial y proteger los activos críticos de la empresa.

Cree un plan de respuesta: cree un plan de respuesta en caso de un incidente de espionaje industrial. Este plan debe incluir un equipo de respuesta, protocolos de comunicación y un proceso de documentación.

Crear un plan de respuesta es esencial para estar preparado ante un incidente de espionaje industrial. Este plan debe establecer los pasos a seguir para mitigar y contener el impacto del incidente, así como identificar las personas responsables de llevar a cabo cada acción y los plazos para su implementación.

El plan de respuesta debe incluir las siguientes consideraciones:

- ***Notificación:*** Establecer los procedimientos para notificar a los responsables internos y externos en caso de una posible violación de seguridad.

- ***Evaluación:*** Determinar la gravedad del incidente y evaluar su impacto en los activos críticos de la organización.

- ***Contención:*** Implementar medidas para contener el incidente y limitar su propagación.

- ***Investigación:*** Realizar una investigación detallada del incidente para determinar el alcance y la causa del mismo.

- ***Comunicación:*** Establecer una estrategia de comunicación para mantener a todas las partes interesadas informadas del incidente y las acciones tomadas para contenerlo.

- ***Recuperación:*** Establecer medidas para recuperarse del incidente y restaurar la integridad de los activos críticos afectados.

- ***Mejora continua:*** Realizar una revisión exhaustiva del incidente y del plan de respuesta para identificar áreas de mejora y tomar medidas preventivas para evitar futuros incidentes.

Es importante que el plan de respuesta sea revisado y actualizado regularmente para garantizar su eficacia y relevancia.

Contrate a profesionales: contrate a profesionales especializados en investigaciones de espionaje industrial para que lo ayuden en la preparación y ejecución de la investigación.

Contratar a profesionales es una parte crucial en la investigación y respuesta a incidentes de espionaje industrial. Es importante contar con expertos en áreas como seguridad de la información, forense digital, inteligencia de amenazas y derecho para asegurarse que se está siguiendo adecuadamente el proceso y que se están protegiendo los intereses de la empresa.

Estos profesionales pueden ayudar a identificar y evaluar el incidente, recolectar y analizar evidencia, coordinar con las autoridades correspondientes y proporcionar asesoramiento legal y estratégico.

Asegurarse que los profesionales contratados tengan experiencia y credenciales en la industria, además, que estén dispuestos a trabajar de manera colaborativa con el equipo interno de la empresa.

Conocer la legislación y regulaciones: Es importante conocer las leyes y regulaciones aplicables al caso de espionaje industrial en cuestión. Esto incluye leyes de propiedad intelectual, protección de datos y privacidad, entre otras.

Conocer la legislación y regulaciones es un paso clave para llevar a cabo una investigación de espionaje industrial efectiva y legalmente sólida. Es necesario conocer las leyes y regulaciones locales y federales relacionadas con la propiedad intelectual, la privacidad, el espionaje industrial y la seguridad de la información. Además, es importante comprender las políticas y regulaciones internas de la empresa en cuanto a la protección de la información confidencial y cómo se debe manejar en caso de una posible violación de la seguridad.

En algunos casos, puede ser necesario obtener una orden judicial para recopilar pruebas, por lo que es importante estar familiarizado con el proceso legal y contar con el asesoramiento adecuado de abogados especializados en el área de espionaje industrial.

Identificar los recursos necesarios: Se deben identificar los recursos necesarios para realizar la investigación de manera efectiva, como equipos de seguridad, personal capacitado y software especializado.

Para llevar a cabo una investigación de espionaje industrial de manera efectiva, es importante identificar los recursos necesarios. Esto incluye, entre otros:

- Personal capacitado y experimentado en la investigación de espionaje industrial, como investigadores privados o expertos en seguridad de la información.

- Equipo especializado, como cámaras de vigilancia, software de monitoreo de redes, herramientas forenses para la recuperación de datos y análisis de sistemas, entre otros.

- Acceso a recursos de inteligencia, como bases de datos de antecedentes penales, registros de propiedad intelectual y fuentes de inteligencia humana.

- Apoyo legal para garantizar que se sigan los procedimientos legales y se cumplan las regulaciones correspondientes.

- Capacitación y educación, puede incluir cursos y capacitaciones en seguridad empresarial, inteligencia de negocios y manejo de crisis.

- Comunicación y relaciones públicas, es importante contar con una estrategia clara de comunicación interna y externa para manejar cualquier situación de crisis relacionada con el espionaje industrial.

Es fundamental asegurarse de contar con los recursos necesarios antes de iniciar cualquier investigación de espionaje industrial, ya que esto puede garantizar la eficacia y la eficiencia de la misma. [30]

Establecer objetivos y metas: Es importante establecer objetivos y metas claras para la investigación. Esto abarca la tarea de identificar los recursos críticos a salvaguardar, las potenciales fuentes de peligros, y los resultados deseados de la investigación.

Establecer objetivos y metas es una parte fundamental para lograr una investigación exitosa de espionaje industrial. Algunos objetivos y metas que se pueden establecer incluyen:

- ***Identificar la fuente del espionaje:*** el objetivo principal es identificar quién está detrás del espionaje industrial y obtener información sobre cómo se está llevando a cabo.

- ***Recuperar la información robada:*** si se ha producido una fuga de información, el objetivo puede ser recuperar la información robada y evitar que se comparta o se utilice en el futuro.

- ***Proteger los activos críticos:*** el objetivo puede ser identificar los activos críticos de la empresa y establecer medidas de protección adecuadas para evitar futuros incidentes de espionaje.

- ***Identificar y cerrar vulnerabilidades:*** el objetivo puede ser identificar las vulnerabilidades en los sistemas y procesos de la empresa y cerrarlas para evitar futuros incidentes.

- ***Tomar medidas legales:*** si se ha cometido un delito, el objetivo puede ser tomar medidas legales contra los responsables.

Es imperativo establecer objetivos y metas claras desde el inicio de la investigación para poder enfocar los esfuerzos y recursos adecuadamente.

Realizar una evaluación de riesgos: Se debe llevar a cabo una evaluación de riesgos antes de iniciar una investigación para identificar y analizar las posibles amenazas y vulnerabilidades. De esta manera, se pueden establecer medidas preventivas y de seguridad adecuadas para minimizar los riesgos y garantizar la integridad de la investigación.

Realizar una evaluación de riesgos es fundamental en cualquier investigación de espionaje industrial, ya que permite identificar las posibles amenazas y riesgos que pueden afectar a los activos críticos de la empresa. La evaluación de riesgos implica identificar los riesgos internos y externos, analizar su probabilidad de ocurrencia y evaluar su impacto potencial en la empresa.

Para llevar a cabo una evaluación de riesgos efectiva, se recomienda seguir los siguientes pasos:

- Identificar los activos críticos de la empresa y su valor para la organización.
- Identificar las amenazas internas.
- Evaluar la probabilidad de ocurrencia de cada amenaza identificada.
- Evaluar el impacto potencial de cada amenaza en la empresa.
- Calcular el riesgo asociado a cada amenaza multiplicando la probabilidad de ocurrencia por el impacto potencial.
- Priorizar los riesgos identificados y establecer medidas de seguridad adecuadas para mitigarlos.

Realizar una evaluación de riesgos permite a la empresa comprender mejor las amenazas a las que está expuesta y tomar medidas preventivas para minimizar el impacto potencial de un incidente de espionaje industrial.

Establecer un plan de acción: Una vez que se han identificado los objetivos y se ha realizado la evaluación de riesgos, se debe establecer un plan de acción detallado que incluya las tareas necesarias para lograr los objetivos.

En la preparación para realizar una investigación de espionaje industrial, es importante establecer un plan de acción claro y detallado para guiar el proceso de investigación. El plan de acción debe incluir los siguientes elementos:

- ***Identificación y recolección de evidencia:*** Se debe establecer un proceso para identificar y recolectar evidencia que pueda ayudar en la investigación, incluyendo documentos, registros electrónicos, imágenes, entre otros.

- ***Análisis de la evidencia:*** Una vez que se ha recolectado la evidencia, es necesario realizar un análisis detallado de la misma, con el objetivo de identificar patrones y pistas que puedan conducir a los responsables del espionaje industrial.

- ***Entrevistas y testimonios:*** Es posible que se deba entrevistar a empleados, clientes y otras partes interesadas para obtener información adicional y testimonios sobre el incidente de espionaje industrial.

- ***Investigación de antecedentes:*** Es posible que se deba realizar una investigación de antecedentes sobre las partes involucradas en el incidente, incluyendo a los sospechosos y a las empresas involucradas.

- ***Análisis de seguridad:*** Se debe realizar un análisis detallado de las medidas de seguridad existentes en la empresa para determinar cómo se pudo haber llevado a cabo el espionaje industrial y cómo se puede prevenir en el futuro.

- ***Presentación de informe:*** Finalmente, se debe preparar un informe detallado que incluya los hallazgos de la investigación, las conclusiones y las recomendaciones para prevenir futuros incidentes de espionaje industrial.

Este plan de acción contempla elementos que ya hemos evacuado ampliamente en capítulos anteriores, es importante tener en cuenta que el plan de acción debe ser flexible y adaptable a medida que se avanza en la investigación y se obtiene nueva información. Además, es fundamental trabajar en colaboración con expertos y profesionales en seguridad de la información para asegurar una investigación exitosa y eficiente.

Considerar la posibilidad de involucrar a terceros: Dependiendo de la naturaleza de la investigación, podría ser necesario involucrar a terceros como agencias de aplicación de la ley o expertos en seguridad.

En algunos casos, es posible que se requiera la intervención de terceros para llevar a cabo una investigación de espionaje industrial. Esto puede incluir la contratación de expertos o perito en cualquier tema, abogados especializados o incluso la colaboración con agencias gubernamentales encargadas de hacer cumplir la ley.

Es importante tener en cuenta que involucrar a terceros puede ser costoso, pero también puede ser necesario para garantizar que la investigación sea exhaustiva y se lleve a cabo de manera adecuada. Además, trabajar con expertos externos puede aportar una perspectiva fresca y objetiva a la investigación.

Adicional, es importante elegir cuidadosamente a los terceros con los que se trabaja y establecer claramente los términos y condiciones de su participación. También es importante mantener la confidencialidad y asegurarse que los terceros cumplan con los requisitos legales y éticos aplicables.

La investigación y documentación de incidentes de espionaje industrial son cruciales para proteger los secretos comerciales y la propiedad intelectual de una empresa. La preparación previa, selección cuidadosa del equipo de investigación, recolección de pruebas y la documentación adecuada son fundamentales para una investigación exitosa. Además, es menester tener en cuenta los aspectos legales y éticos de la investigación para evitar cualquier problema legal posterior. Con una investigación bien planificada y ejecutada, se puede minimizar el riesgo de pérdida de secretos comerciales y proteger los intereses de la empresa. (31 - 32)

Establecimiento de un equipo de respuesta a incidentes

El establecimiento de un equipo de respuesta a incidentes es fundamental en la preparación para enfrentar situaciones de espionaje industrial. Este equipo debe contar con miembros capacitados en diferentes áreas, tales como seguridad de la información, tecnología, legal, comunicaciones y relaciones públicas, entre otras.

Entre los pasos necesarios para establecer un equipo de respuesta a incidentes se encuentran:

Designar un líder de equipo: Este líder debe tener la capacidad de coordinar y dirigir el equipo en situaciones de crisis, además de tener conocimientos técnicos y de seguridad.

Algunas características importantes para designar un líder de equipo en el contexto de un equipo de respuesta a incidentes pueden incluir:

- ***Experiencia en gestión:*** Es importante que el líder tenga experiencia previa en liderar equipos y en la gestión de proyectos complejos.

- ***Conocimientos técnicos:*** El líder debe tener un buen conocimiento técnico del área en la que opera el equipo de respuesta a incidentes, para poder tomar decisiones informadas y comprender las complejidades del incidente.

- ***Habilidad para la toma de decisiones:*** El líder debe ser capaz de tomar decisiones rápidas y efectivas en situaciones de alta presión y en un entorno en constante cambio.

- ***Comunicación efectiva:*** El líder tiene la capacidad de comunicarse de manera acertada y efectiva con su equipo, otras dependencias y partes interesadas externas.

- ***Habilidad para trabajar en equipo:*** El líder debe ser capaz de fomentar el trabajo en equipo y la colaboración dentro del equipo de respuesta a incidentes.

- ***Habilidad para la resolución de problemas:*** El líder es capaz de identificar y tomar decisión para resolver problemas de manera acertada y efectiva.

Es importante tener en cuenta que estas características pueden variar según el tipo de incidente y la naturaleza de la empresa y el equipo de respuesta a incidentes. Es trascendental seleccionar un líder que se adapte a las necesidades específicas del equipo y de la situación en cuestión. (33)

Seleccionar a los miembros del equipo: Se debe considerar la experiencia, habilidades y conocimientos específicos de cada miembro para cubrir todas las áreas necesarias para la gestión del incidente.

Seleccionar a los miembros del equipo de respuesta a incidentes es una tarea crucial para garantizar el éxito en la identificación y resolución de incidentes de seguridad de la información. Algunas de las características que se deben buscar en los miembros del equipo son:

- Conocimientos técnicos sólidos en seguridad de la información y en la tecnología específica de la empresa.
- Capacidad para trabajar en equipo y comunicarse de manera efectiva.
- Habilidad para manejar situaciones de alta presión y tomar decisiones rápidas y efectivas.
- Conocimiento de los procedimientos y políticas de la empresa en relación con la seguridad de la información.
- Experiencia previa en la gestión de incidentes de seguridad de la información.

Siempre debe asegurarse que los miembros del equipo tengan la capacidad y la experiencia necesarias para cumplir con las responsabilidades del equipo y hacer frente a los retos que surjan durante una investigación de incidentes.

Establecer roles y responsabilidades: Cada miembro del equipo debe tener un rol claro y específico en la gestión del incidente y conocer sus responsabilidades en cuanto a la toma de decisiones y la comunicación.

Establecer roles y responsabilidades es un paso crítico en la creación de un equipo de respuesta a incidentes efectivo. Debe asegurarse que cada miembro del equipo entienda claramente lo que se espera de ellos y cómo contribuirán al esfuerzo general. Algunas de las responsabilidades clave que se deben considerar al establecer roles incluyen:

- *Líder del equipo*: responsable de coordinar y supervisar el equipo de respuesta a incidentes.
- *Analista de incidentes*: responsable de investigar y analizar el incidente.
- *Especialista técnico*: responsable de proporcionar experiencia técnica en el área afectada por el incidente.
- *Comunicador*: responsable de comunicar la información relevante sobre el incidente a las partes interesadas internas y externas.
- *Coordinador de recursos:* responsable de garantizar que el equipo tenga los recursos necesarios para responder al incidente.

Aunado a lo anterior, siempre debe tener en cuenta que estos roles y responsabilidades pueden variar según el tipo de incidente y la estructura organizativa de la empresa, así como de los recursos disponibles y las necesidades de la organización.

Establecer un protocolo de comunicación: Es importante definir canales de comunicación claros y establecidos para asegurar que todos los miembros del equipo estén informados en todo momento.

Establecer un protocolo de comunicación es un paso clave en la preparación de un equipo de respuesta a incidentes. Este protocolo debe incluir los siguientes elementos:

- ***Canales de comunicación:*** se debe establecer un conjunto de canales de comunicación claros y eficaces, que permitan la comunicación entre los miembros del equipo de respuesta y con otros equipos relevantes, como la dirección de la empresa o las autoridades competentes.

- ***Jerarquía de comunicación:*** se debe definir una jerarquía de comunicación clara, que especifique quiénes son los encargados de recibir y transmitir la información en cada nivel del equipo.

- ***Procedimientos de comunicación:*** se deben establecer procedimientos claros para la comunicación de información relevante, como los datos del incidente, los planes de respuesta y las actualizaciones periódicas.

- ***Lenguaje común:*** se debe establecer un lenguaje común para la comunicación dentro del equipo de respuesta, con el fin de evitar malentendidos y confusiones.

- ***Protección de la información:*** se debe establecer un protocolo para la protección de la información sensible y confidencial, con el fin de evitar su divulgación no autorizada.

Es importante que el protocolo de comunicación se defina y se ponga a prueba antes de que se produzca un incidente, para asegurarse de que es eficaz y puede implementarse rápidamente en caso de necesidad.

Capacitar al equipo: Todos los miembros del equipo deben estar capacitados en cuanto a las mejores prácticas de seguridad, técnicas de investigación y el protocolo de respuesta ante incidentes.

Capacitar al equipo es un paso esencial en la preparación para responder a incidentes de espionaje industrial. Es significativo que todos los miembros del equipo tengan un conocimiento sólido de los procesos y procedimientos a seguir en caso de un incidente. La capacitación puede incluir aspectos técnicos, como la recopilación de pruebas digitales, la seguridad de la información y la gestión de incidentes, así como también habilidades de comunicación y trabajo en equipo.

Es recomendable que la capacitación sea continua y que se realicen simulaciones de incidentes para que el equipo esté preparado en todo momento. También es importante que se mantengan actualizados sobre las últimas tendencias en el campo del espionaje industrial y las nuevas técnicas de ataque.

Realizar simulaciones y ejercicios de entrenamiento: Es necesario llevar a cabo simulaciones y ejercicios para evaluar la eficacia del equipo y el protocolo establecido.

Realizar simulaciones y ejercicios de entrenamiento es una parte crítica del establecimiento de un equipo de respuesta a incidentes. A través de estas prácticas, los miembros del equipo pueden adquirir habilidades y conocimientos necesarios para identificar, evaluar y responder en tiempo real.

Las simulaciones pueden incluir escenarios hipotéticos o situaciones reales que han ocurrido en el pasado. El objetivo es que el equipo experimente un incidente de seguridad en un ambiente controlado y aprenda a lidiar con él de manera efectiva. Los ejercicios de entrenamiento también pueden incluir la revisión de políticas y procedimientos, el análisis de tendencias de seguridad y la discusión de problemas específicos de la organización.

Es importante destacar que las simulaciones y ejercicios de entrenamiento deben realizarse regularmente y actualizarse para reflejar los cambios en la tecnología y en los procesos de la organización. Esto ayudará a garantizar que el equipo de respuesta a incidentes esté preparado para cualquier situación de seguridad que pueda surgir.

Además, estos ejercicios también pueden ayudar a identificar posibles debilidades en los procesos y políticas de seguridad de la organización, lo que puede conducir a mejoras y fortalecimiento del sistema de seguridad en general. (34)

Mantener actualizado el equipo y el protocolo: Siempre se debe revisar y actualizar regularmente el equipo y el protocolo de respuesta para asegurar su eficacia en situaciones actuales.

Mantener actualizado el equipo y el protocolo de respuesta a incidentes es esencial para garantizar una respuesta efectiva y eficiente en caso de un incidente de espionaje industrial. Esto implica la revisión y actualización regular de los procedimientos, la identificación y corrección de las debilidades y la realización de simulaciones y ejercicios de entrenamiento para garantizar que el equipo esté preparado para manejar cualquier situación.

Además, se debe mantener al equipo informado sobre los últimos riesgos y amenazas relacionados con el espionaje industrial, así como sobre las nuevas tecnologías y herramientas de investigación y prevención. Esto puede lograrse mediante la asistencia a conferencias, la capacitación continua y la colaboración con expertos en el campo.

Mantener actualizado el equipo y el protocolo también implica la realización de revisiones regulares y la implementación de mejoras en la respuesta a incidentes en función de la retroalimentación del equipo y la evaluación de incidentes anteriores.

En resumen, el establecimiento de un equipo de respuesta a incidentes es un paso clave en la preparación para enfrentar situaciones de espionaje industrial y otras amenazas de seguridad. Un *"Team"* debe contar con un talento humano bien capacitado, con roles y responsabilidades claros y un protocolo de comunicación establecido, además de actualizado para garantizar una respuesta rápida y efectiva.

Investigación

El espionaje industrial es una actividad ilegal y altamente perjudicial para las empresas, que puede ocasionar grandes pérdidas económicas, daño a la imagen corporativa y violaciones de la privacidad y la propiedad intelectual. En consecuencia, resulta fundamental que las empresas adopten medidas para investigar y prevenir este tipo de acciones. En esta sección, se abordarán los pasos necesarios para realizar una investigación de espionaje industrial, desde la identificación de los activos críticos hasta la preparación de un equipo de respuesta y la recopilación de información. Se discutirán las mejores prácticas y las herramientas disponibles para llevar a cabo una investigación exhaustiva, así como la importancia de mantener actualizado el equipo y el protocolo para garantizar una respuesta eficaz ante cualquier incidente.

Identificación del incidente de espionaje industrial

Recopilación de información: es una etapa fundamental en cualquier investigación de espionaje industrial. Consiste en recolectar y analizar información relevante para determinar la naturaleza y el alcance del incidente, identificar a los posibles sospechosos, y determinar los daños causados a la empresa.

Esta etapa puede incluir la recopilación de información de fuentes abiertas, como sitios web y redes sociales, así como la obtención de información de fuentes internas y externas de la empresa, como registros de acceso a sistemas, dispositivos, redes y entrevistas con empleados y clientes.

Es importante tener en cuenta que la recopilación de información debe realizarse de manera legal y ética, respetando la privacidad y los derechos de las personas involucradas y cumpliendo con las leyes y regulaciones aplicables.

La recopilación de información es una tarea fundamental en cualquier investigación o análisis, incluyendo la investigación de un incidente de espionaje industrial. Algunas de las características importantes de la recopilación de información incluyen:

- **Metodología:** La recopilación de información debe seguir una metodología establecida y sistemática para garantizar la coherencia y la precisión en la recopilación de datos.
- **Fuentes:** Identifique y seleccione las fuentes de información adecuadas y fiables para garantizar que los datos recopilados sean precisos y útiles.
- **Verificación:** Verifique la precisión y la autenticidad de la información recopilada, para evitar la inclusión de información incorrecta o engañosa.
- **Organización:** Mantenga organizada y clasificada la información recopilada de manera sistemática para facilitar el análisis y la interpretación posterior.
- **Confidencialidad:** Garantice que la información recopilada se maneje de manera confidencial y se proteja contra el acceso no autorizado.
- **Actualización:** Actualice la información recopilada a medida que se recopilan nuevos datos o surgen nuevos desarrollos relevantes.

Tener en cuenta estas características puede ayudar a garantizar que la información recopilada es precisa, útil y protegida adecuadamente.

Una vez recopilada la información, se debe realizar un análisis cuidadoso para determinar su relevancia y confiabilidad, con el fin de utilizarla para tomar decisiones informadas y desarrollar estrategias efectivas para prevenir futuros incidentes de espionaje industrial.

Análisis de la información: El análisis de la información es una parte fundamental en la investigación de espionaje industrial, ya que permite identificar patrones, tendencias y posibles motivaciones detrás de los incidentes. En esta fase se examina la información recopilada con el fin de obtener conclusiones sólidas que permitan entender los hechos ocurridos y sus implicaciones. Además, el análisis de la información es clave para la identificación de posibles vulnerabilidades y la implementación de medidas de seguridad efectivas para prevenir futuros incidentes. En esta etapa se pueden aplicar diferentes técnicas y herramientas de análisis, desde el análisis de redes y la minería de datos hasta el análisis de motivaciones y perfiles psicológicos. Es imperativo contar con personal capacitado en esta fase para garantizar que se realice un análisis exhaustivo y efectivo de la información recopilada.

Existen diferentes técnicas que se pueden utilizar para el análisis de la información recopilada durante la investigación de un incidente de espionaje industrial. Algunas de estas técnicas incluyen:

- ***Análisis de redes:*** también llamado "*análisis link*" consiste en identificar los vínculos entre diferentes individuos o grupos, lo que puede ayudar a comprender cómo se conectan y cómo podrían estar involucrados en el incidente.

- ***Análisis de documentos:*** se enfoca en la revisión de documentos relevantes, como correos electrónicos, contratos o informes, para identificar patrones o indicios de actividad sospechosa.

- ***Análisis de patrones:*** se centra en la identificación de patrones de comportamiento, acciones o eventos que puedan ser relevantes para el incidente.

- ***Análisis de sistemas:*** examina los sistemas informáticos, de comunicaciones y otros sistemas relevantes en busca de evidencia de intrusiones o actividad sospechosa.
- ***Análisis de lenguaje:*** se utiliza para evaluar el lenguaje utilizado en documentos o comunicaciones para detectar signos de engaño o manipulación.

Siempre se debe utilizar una combinación de estas técnicas para obtener una comprensión más completa del incidente y poder identificar a los responsables. (35)

Identificación del autor del incidente

La identificación del autor del incidente de espionaje industrial es una tarea crucial en la investigación de este tipo de situaciones. Para lograrlo, es necesario recopilar y analizar información de diversas fuentes, incluyendo el comportamiento del sospechoso, sus relaciones personales y profesionales, su historial laboral y su posible motivación para cometer el acto de espionaje.

Existen diversas técnicas que pueden ser utilizadas para identificar al autor del incidente, como la investigación de antecedentes, la revisión de registros de acceso, la observación encubierta, la entrevista de testigos y sospechosos y el análisis de pruebas físicas y electrónicas.

Además, hay técnicas que pueden ser utilizadas para identificar al autor de un incidente de espionaje industrial. Algunas de estas técnicas incluyen:

- ***Análisis forense de sistemas informáticos:*** Esta técnica implica el examen detallado de los sistemas informáticos, dispositivos de almacenamiento, registros de red, etc. para recopilar pruebas que puedan identificar al autor del incidente.

- ***Análisis de comportamiento:*** Esta técnica implica el análisis del comportamiento del autor del incidente a través de los patrones de uso de los sistemas informáticos, registros de actividad, registros de acceso, etc.

- ***Entrevistas y análisis de antecedentes:*** Esta técnica implica entrevistar a los empleados y examinar sus antecedentes para identificar a posibles autores del incidente.

- ***Análisis de la cadena de suministro:*** Esta técnica implica el análisis de la cadena de suministro en cada una de sus fases para identificar posibles puntos de entrada para el autor del incidente.

- ***Análisis de documentos:*** Si el incidente involucra la filtración de información confidencial o secreta, el análisis de los documentos puede ayudar a identificar al autor. Se pueden buscar pistas en los documentos, como el estilo de escritura, los errores ortográficos o gramaticales o la forma en que se estructura la información.

Hay que destacar que cada técnica tiene sus ventajas y limitaciones, y puede ser necesario combinar varias técnicas para obtener una imagen completa de la identidad del autor del incidente.

El equipo de investigación debe contar con experiencia y capacitación adecuada para llevar a cabo estas técnicas de manera efectiva y legal, asegurándose de respetar los derechos y privacidad de todas las partes involucradas.

Documentación

La documentación es un paso fundamental en la investigación de espionaje industrial. Consiste en recopilar y registrar toda la información relevante relacionada con el incidente, incluyendo las pruebas, los testimonios, las declaraciones, los informes, entre otros.

La documentación adecuada de los incidentes de espionaje industrial es importante por varias razones. En primer lugar, ayuda a establecer la cadena de custodia, lo que significa que se mantiene un registro claro de cómo se ha manejado la evidencia y quién ha tenido acceso a ella. En segundo lugar, es importante para la presentación de pruebas ante un tribunal o para informar a los responsables de la toma de decisiones en la empresa. Además, una documentación precisa y completa puede ser útil para futuras investigaciones y para la prevención de incidentes similares.

Algunas técnicas de documentación pueden incluir:

- Tomar fotografías de la escena del incidente y cualquier evidencia física relevante.
- Grabar entrevistas con testigos y sospechosos.
- Redactar informes detallados que describan los eventos del incidente y las acciones tomadas en la investigación.
- Documentar la cadena de custodia de la evidencia y cualquier manipulación que se haya realizado.
- Recopilar cualquier documentación adicional, como correos electrónicos, contratos, registros de acceso a sistemas, entre otros.

La documentación debe ser precisa, clara y completa para que sea útil en futuras investigaciones y presentaciones de pruebas. Además, es necesario garantizar que se cumplan los requisitos legales y éticos al manejar la información relacionada con el incidente de espionaje industrial.

Registro detallado de la investigación

El registro detallado de la investigación es esencial para documentar todos los hallazgos y evidencias recopiladas durante el proceso de investigación de espionaje industrial. Este registro debe incluir información sobre el incidente, las técnicas utilizadas en la investigación, los resultados obtenidos, la identificación del autor del incidente, las medidas de seguridad implementadas y cualquier otra información relevante.

La documentación debe ser precisa, objetiva y completa para que pueda ser utilizada en caso de una posible acción legal en el futuro. Además, el registro debe ser almacenado de forma segura y solo estar disponible para personas autorizadas.

Registro de la información recolectada

Se registra toda la información obtenida durante la investigación, ya que esto ayudará a mantener un seguimiento preciso y a tomar las decisiones adecuadas en el futuro.

Entre las características del registro de la información recolectada se pueden destacar:

- ***Debe ser detallado y completo:*** Se registra toda la información obtenida, incluyendo la fuente de la información, la fecha en que se obtuvo y los detalles relevantes.

- ***Debe ser organizado:*** La información debe estar organizada de manera lógica y fácil de entender para el equipo de investigación y otras partes interesadas.

- ***Debe ser preciso y confiable:*** La información debe ser registrada de manera precisa y confiable para evitar confusiones o malentendidos.

- ***Debe ser seguro:*** La información recolectada debe ser almacenada en un lugar seguro y accesible sólo para el equipo de investigación y otras partes interesadas autorizadas.

- ***Debe cumplir con las regulaciones y leyes pertinentes:*** Es importante asegurarse de que el registro de la información recolectada cumpla con las regulaciones y leyes pertinentes para evitar problemas legales o de privacidad.

Es recomendable que se utilice un sistema de registro específico para la investigación de espionaje industrial, como una base de datos o un software especializado, que permita una fácil búsqueda y recuperación de la información. (36)

Debe mantenerse actualizado el registro de la información recolectada durante todo el proceso de la investigación y se realizaran revisiones periódicas para asegurarse que la información es precisa y actualizada.

Acción legal y consecuencias

La acción legal es un paso importante en la investigación de espionaje industrial, ya que permite tomar medidas contra el autor o autores del incidente. Las consecuencias legales pueden variar según las leyes y regulaciones de cada país, pero en general, pueden incluir multas, sanciones penales e incluso la cárcel.

Se debe contar con asesoría legal especializada en el tema, ya que la investigación y la acción legal deben ser llevadas a cabo de manera rigurosa y en cumplimiento de las leyes y regulaciones aplicables.

Existen varios tipos de acciones que se pueden tomar en respuesta a un incidente de espionaje industrial, tales como:

- ***Acciones internas:*** pueden incluir la terminación de contrato de empleados involucrados en el incidente, cambios en los procedimientos de seguridad y mejora de la capacitación del personal.
- ***Acciones civiles:*** pueden incluir la presentación de una demanda civil contra el autor del incidente o la empresa que cometió el delito, buscando compensación por los daños sufridos.
- ***Acciones penales:*** pueden incluir la presentación de una denuncia ante las autoridades competentes, lo que podría resultar en una investigación penal y posiblemente en cargos penales contra el autor del incidente.

Algunas consecuencias adicionales del espionaje industrial pueden incluir daños a la reputación de la empresa, pérdida de confianza de los clientes, socios comerciales y pérdida de ventaja competitiva en el mercado.

Siempre debes tomar medidas preventivas para evitar el espionaje industrial, pero en caso de que ocurra, la acción legal puede ser una herramienta valiosa para proteger los activos críticos de la empresa y su propiedad intelectual. (37)

Conclusión

El espionaje industrial es una práctica cada vez más común en el mundo empresarial, y puede tener graves consecuencias tanto para la empresa afectada como para el infractor. Para prevenir y detectar este tipo de actividad, es esencial que las empresas implementen medidas de seguridad y establezcan un equipo de respuesta a incidentes capacitado y actualizado. La identificación de activos críticos, la recopilación y análisis de información son elementos clave en este proceso.

La investigación de un incidente de espionaje industrial puede involucrar diversas técnicas, como el análisis de dispositivos de almacenamiento, el seguimiento de comunicaciones y la identificación de huellas digitales. Es importante mantener un registro detallado de la investigación y tomar en cuenta los aspectos legales y consecuencias posibles de tomar acciones legales.

En definitiva, la prevención del espionaje industrial requiere un esfuerzo conjunto de todos los miembros de la empresa y una cultura de seguridad sólida. La implementación de medidas de seguridad efectivas, la capacitación de los empleados y el establecimiento de un equipo de respuesta a incidentes son pasos fundamentales para garantizar la protección de la propiedad intelectual y los activos críticos de la empresa y prevenir las posibles consecuencias negativas que el espionaje industrial puede tener en la competitividad y reputación en el mercado.

El espionaje industrial y corporativo es una amenaza real y presente para las empresas en la actualidad. Los competidores y actores malintencionados pueden recopilar información confidencial para obtener una ventaja en el mercado y las empresas deben tomar medidas proactivas para proteger sus activos críticos.

Esto implica la identificación de los activos críticos, la preparación de un plan de respuesta ante incidentes, la recopilación y análisis de información, la identificación del autor del incidente y la toma de acciones legales en consecuencia.

Es importante que las empresas establezcan un equipo de respuesta a incidentes bien capacitado y actualizado, con roles y responsabilidades claramente definidos y un protocolo de comunicación efectivo.

La protección de los activos críticos de la empresa y la prevención del espionaje industrial deben ser una prioridad para todas las empresas, y la implementación de medidas de seguridad adecuadas puede ayudar a minimizar el riesgo de ser víctima de esta amenaza cada vez mayor.

Bibliografías

Davenport, T. H., & Prusak, L. (1998). Working knowledge: How organizations manage what they know. Harvard Business Press.

Dittrich, J. (2013). Economic Espionage and Industrial Spying. Encyclopedia of Global Security and Intelligence.

Fuld, L. M. (1995). Industrial espionage: Why, who, and how. Journal of Business and Psychology, 9(2), 123-138.

Lenzner, R. (1985). The great American rip-off: The inside story of how US companies are plundering their own land and holding their own people to ransom. Delacorte Press.

Levin, S. G., & Wright, R. T. (1995). Industrial espionage: A tale of technology transfer. Journal of Business and Psychology, 9(2), 139-151.

Mitnick, K. D., & Simon, W. L. (2005). The art of deception: Controlling the human element of security. John Wiley & Sons.

Saunders, C., & Mears, M. (2014). Managing the insider threat: No dark corners. Routledge.

"El espionaje industrial: una amenaza real para las empresas", de Jordi Bacaria y Enrique de Mulder

"Espionaje Industrial. Una amenaza real para las empresas" de Marcelo Lozano

"Espionaje industrial. Amenazas y contramedidas" de D. Damián Bayón

"El Espionaje Industrial: ¿Realidad o Leyenda?" de Juan Carlos Gabaldón y Ana María Beltrán

"El espionaje industrial y la seguridad empresarial" de Rafael Márquez

"La protección de la propiedad industrial y las técnicas de espionaje industrial" de Jose Ignacio Rubio

"Industriespionage: Wirtschaftsspionage, Kontra-Spionage, Industriesicherheit", de Dieter Beyer

"Die Wirtschaftsspionage: Phänomenologie - Prävention - Möglichkeiten zur Bekämpfung", de Elmar Giemulla y Günther Frhr. von Gravenreuth

"Industriespionage: Wie Unternehmen ausspioniert und geschädigt werden", de Andreas Mayer

"Industriespionage: Wirtschaftliche Bedrohung und Gegenstrategien", de Hans-Dieter Kochs

"Die Abwehr von Wirtschaftsspionage", de Joachim Schwerdtfeger

Alarcón, M., & Roldán, R. (2017). El espionaje industrial: análisis de su marco legal. Revista de derecho penal y criminología, 24(2), 707-732.

Brecht, D. (2003). Competitive intelligence and espionage: A practitioner's approach to company intelligence operation. Artech House.

Gómez, J. A. (2001). Espionaje industrial. Aranzadi.

Kahaner, L. (1997). Competitive intelligence: How to gather, analyze, and use information to move your business to the top. Touchstone.

Martín, C. (2004). El espionaje industrial. La Ley.

Otero, M. (2014). Espionaje industrial: definición, evolución y casos prácticos. IC Editorial.

Pérez, A. (2002). El espionaje industrial en España. Revista de estudios políticos, (115), 39-66.

Sánchez, L. R., & Sanz, J. (2006). Espionaje industrial y seguridad en la empresa. CISS.

Weiss, J. (1997). The entrepreneur's manual: Business start-ups, spin-offs, and innovative management. John Wiley & Sons.

"Industrial Espionage: Developing a Counterespionage Program" de Daniel J. Benny y Tracey D. Biscontini.

"The Art of Deception: Controlling the Human Element of Security" de Kevin D. Mitnick y William L. Simon.

"Insider Threat: Protecting the Enterprise from Sabotage, Spying, and Theft" de Eric Cole.

"Spying In America: Espionage from the Revolutionary War to the Dawn of the Cold War" de Michael J. Sulick.

"Business Espionage: Risks, Threats, and Countermeasures" de CPP Dennis L. Appleby.

Referencias

---

[1] https://opiniónduel.com/estadistica/descubre-las-diferencias-entre-estadistica-descriptiva-e-inferencial/

[2] "Industrial Espionage: Developing a Counterespionage Program" de Daniel J. Benny y Louis H. Michalko.

[3] Referencia bibliográfica: Alsius, S. (2012). Espionaje Industrial: Amenaza latente. Profit Editorial.

[4] Referencia: Tendencias en el espionaje industrial: cómo proteger su información. (2018). Ernst & Young Global Limited.
[5] Lashinsky, A. (2015). "Inside Apple: cómo funciona la compañía más admirada y hermética de Estados Unidos." Editorial Debate.
[6] "The Art of Deception: Controlling the Human Element of Security" de Kevin Mitnick y William L. Simon.

[7] Business Espionage: Risks, Threats, and Countermeasures de CPP, CPP. (2015).

[8] "Apple's Secret Employee Training Manual Revealed" por Nick Bilton en The New York Times.

[9] "The Art of Deception: Controlling the Human Element of Security" de Kevin D. Mitnick y William L. Simon.

[10] Slater, R. (2014). Corporate Security Crossroads: Responding to Terrorism, Cyberthreats, and Other Hazards in the Global Business Environment. Elsevier.

[11] Geeraerts, G. (2013). Economic espionage and trade secret theft: Are we ready for the growing threat?. Journal of Economic and Social Policy, 15(2), 1-16.

[12] Rothaermel, F. T. (2015). Strategic management: concepts and cases: competitiveness and globalization. New York, NY: McGraw-Hill Education.

[13] ASIS International. (2015). Industrial Espionage and Technical Surveillance Countermeasures.

[14] CIA. (2019). Business espionage: Risks, threats, and countermeasures. Central Intelligence Agency.

[15] Cavallo, A. M., & Molinari, L. (2013). Industrial Espionage and Competitive Intelligence: A Literature Review. European Journal of Interdisciplinary Studies, 1(1), 52-60.

[16] CNN. (2017). Volkswagen's $30 billion settlement still can't fix its biggest problem. Recuperado el 21 de abril de 2023, de https://money.cnn.com/2017/05/22/news/volkswagen-diesel-settlement-scandal/index.html

[17] "Reducing the Risk of Industrial Espionage: An Overview for Private Sector Security Managers" de David L. Charney, que discute la importancia de la colaboración entre empresas y agencias gubernamentales en la lucha contra el espionaje industrial.

[18] "Information Security: Principles and Practice", por Mark Stamp, Wiley (2011).

[19] Mishra, J., & Crampton, S. M. (2015). Insider threat mitigation through training and awareness. Computers & Security, 52, 35-45. doi: 10.1016/j.cose.2015.04.005

[20] Kessler, J. (2019). Industrial espionage and technical surveillance counter measures. CRC Press.

[22] https://www.hectorherrera.net/2023/

[23] Canadian Centre for Cyber Security. (2019). Small and Medium Organizations Cyber Security Guide. Retrieved from https://www.cyber.gc.ca/en/guidance/small-and-medium-organizations-cyber-security-guide

[24] NIST SP 800-30: Guide for Conducting Risk Assessments (National Institute of Standards and Technology)

[25] Puseapex,28 de abr 2022, https://puceapex.puce.edu.ec/conexionpuce/los-usuarios-el-eslabon-mas-debil-de-la-cadena-de-seguridad-digital/

[26] National Institute of Standards and Technology. (2018). Framework for Improving Critical Infrastructure Cybersecurity, Version 1.1. https://nvlpubs.nist.gov/nistpubs/CSWP/NIST.CSWP.04162018.pdf

[27] US intelligence agencies thwarted plot to steal high-tech US weaponry, sources say." CBS News. 6 de julio de 2017.

[28] "US and European authorities disrupt major online fraud network" (Europol, 16 de junio de 2020)

[29] Harknett, R. J. (2018). Economic Espionage and Trade Secret Theft: Are Our Laws Adequate for Today's Threats?. IEEE Security & Privacy, 16(6), 58-66.

[30] Kahaner, L. (2016). Competitive intelligence: How to acquire and use corporate intelligence and counterintelligence. Simon and Schuster.

[31] Economic Espionage: A Foreign Intelligence Threat to American Jobs and Homeland Security, Hearing Before the Senate Judiciary Committee, 111th Cong. (2010).

[32] Hsinchun Chen et al., Industrial Espionage and Technical Surveillance Countermeasures, in The Handbook of Information Security 851-872 (Hossein Bidgoli ed., 2006).

[33] Whitman, M. E., & Mattord, H. J. (2016). Management of Information Security. Cengage Learning.

[34] SANS Institute. (2021). Incident Response Planning: A SANS Whitepaper. Recuperado de https://www.sans.org/white-papers/41331/

[35] R. Caldwell, A. Beekhuyzen, A. Tickle, and J. Dempsey, "An intelligence-led approach to managing cyber security risks: A case study of a Chinese attack on a global ICT corporation," Australasian Journal of Information Systems, vol. 20, pp. 93-112, 2016.

[36] "Practical Handbook of Investigative Techniques: A Step-by-Step Approach to Investigating Organized Crime, Financial Crime, Corruption, and Violent Crime" de Rory J. McMahon (ISBN: 978-1420051767)

[37] FBI. (s.f.). Economic Espionage. Recuperado de https://www.fbi.gov/investigate/economic-espionage

www.ingramcontent.com/pod-product-compliance
Lightning Source LLC
LaVergne TN
LVHW030217230826
846093LV00011B/497

* 9 7 9 8 8 5 1 2 8 8 8 0 7 *